新时代

党政机关标准化规范化工作实务

办会

王德　李林　编著

人民日报出版社
北京

图书在版编目（CIP）数据

新时代党政机关标准化规范化工作实务．办会 /
王德，李林编著．-- 北京 ：人民日报出版社，2024．12．
ISBN 978-7-5115-8477-9

Ⅰ．D630.1

中国国家版本馆CIP数据核字第2024CA2376号

书　　名：新时代党政机关标准化规范化工作实务：办会
XINSHIDAI DANGZHENG JIGUAN BIAOZHUNHUA GUIFANHUA GONGZUO SHIWU：BANHUI
编　　著：王　德　李　林

出 版 人：刘华新
责任编辑：葛　倩
封面设计：观止堂

出版发行：人民日报出版社
社　　址：北京金台西路2号
邮政编码：100733
发行热线：（010）65369527　65369846　65369509　65369510
邮购热线：（010）65369530　65363527
编辑热线：（010）65363486
网　　址：www.peopledailypress.com
经　　销：新华书店
印　　刷：北京博海升彩色印刷有限公司
法律顾问：北京科宇律师事务所　010-83622312

开　　本：710mm×1000mm　1/16
字　　数：230千字
印　　张：14.5
版　　次：2025年4月第1版　　2025年4月第1次印刷

书　　号：ISBN 978-7-5115-8477-9
定　　价：46.00元

Catalogue

目 录

目录

壹

场景一

搞清楚『为什么』再开会

什么是会，什么是办会

会议类型、主题、人员角色

办会时机与成败关键

会议是机关单位从事行政管理、开展经营活动、组织对外交流与合作，以及从事内部管理的重要工具。据美国学者统计，一个人一生开会的时间达9000小时，即375天。随着社会进步、技术变革和公民意识的觉醒，特别是市场经济对时间与效率、效率与公平、公平与正义等价值理念的追求，人们对会议管理水平和会议工作效率的期望值越来越高。系统掌握现代会议管理的理念、知识、方法和技巧，不断提升会议管理的效率和效果，是构建现代组织和促进经济社会全面发展的必然要求。

什么是会，什么是办会

会议是统一意志、集中意见、指导工作、解决问题的重要方式。早在原始社会，就有氏族议事会。随着社会的发展和变化，会议的形式和内容也在发生变化。现代社会，会议成为人们沟通思想、交流信息、解决问题的重要方式。机关会议是围绕工作决策、解决问题展开的。无论是了解情况的会议、实行决策的会议、安排部署工作的会议，还是工作落实过程的会议，以及工作完成之后的会议，都是机关会议的常见形式。如何办理这些会议，是机关工作人员基本素质和能力的重要表现，也是业务精进和事业发展的重要手段。

一、会议的概念

会议是有组织、有领导地商议事情的聚会。是围绕特定目标展开的、有序组织的、以口头交流为主要方式的群体性聚会。机关会议是学习传达上级指示、安排部署有关工作、总结表彰先进典型、实现管理意图的手段和途径。具体来讲，会议是一种集体议事的行为过程，是机关单位制定方针政策、决定重大事项、贯彻上级指示、检查部署工作、解决存在问题、推动事业发展的一种行之有效的工作方法。会议的目的在于统一思想、协调一致，取长补短、集思广益，沟通信息、交流经验。会议的规模有大有小，形式多种多样，但都表现为解决问题、开展工作的一种手段，在现代政治、经济和社会生活中，会议是一种经常性的组织和活动方式。

二、会议的作用

会议有诸多功能和作用，不同形式的会议有不同的功能和作用。尽管各类会议的具体作用不尽相同，但是作为处理和解决问题的方式方法，任何会议都是为了贯彻管理意图，达成工作目的，实现工作目标而召开的。一般地讲，会议是实行集体领导的基本方法之一，是集思广益、交流信息的重要方式和途径，也是协调关系、解决矛盾的有效手段和办法。

会议是一种工作方法，但不是唯一的工作方法。其功能和作用通常表现为统一思想的作用、凝聚共识的作用、交流沟通的作用、调查研究的作用、科学决策的作用、宣传动员的作用、指导推动的作用、总结部署的作用、督促检查的作用，等等。

三、办会的含义和侧重点

会议活动是有组织、有目的、有秩序的多人集体参加的活动，需要通过或借助一定的组织安排才能顺利进行。通常把会议的组织、安排以及各种事务性服务工作统称为会务工作，简称办会。办会是会议过程中多种事务性、辅助性工作的总和；其根本任务是，为参与会议的全体人员特别是有关领导提供全面服务。办会是会议活动不可或缺的组成部分，其质量好坏和效率高低直接影响会议的效果和会议的目的。

总体上看，机关办会工作一般有以下几个侧重点：

1. 突出政治属性。这主要由机关单位性质和会议所涉及的内容所决定。机关单位为履行国家职能而生，其办会工作具有天然的政治性。会议的时机、形式、所涉内容、与会人员等，都不同程度地带有政治属性。因此，办会工作首先要定的基调就是政治性。

2. 以服务为基础。在机关，一切办会工作的相关活动都以服务为基础。没有会议，就没有办会工作，后者是前者的产物。承担办会工作的机关人员，始终要以为参会人员提供优良的环境和便利条件为己任，为保证会议的顺利召开做好各项服务，实现办会的目标。

3. 以事务为载体。办会工作有环节多、事务性强等特点，流程所涉工作繁杂而琐碎。事务性工作是保证会议按照既定的顺序和预设的程序进行的前提和条件。只有落细落小事务性工作，才能保证会议整体顺利进行。办会是事务性工作，会议是政务性行为，事务性工作是政务性工作的基础，对会议起到体现和彰显作用。

4. 重时间管理。会议活动具有很强的时间性。比如，会议有关人员在协调各方的基础上确定会议时间，提前准备会议；会议开始前必须有高度自觉的时间观念，绝不能出现诸如与会人员已经到场，但会场还没有布置好等情况；会议进行中要注意对时间的把控，不能出现会场延迟、拖堂等现象；会议结束后，要及时落实会议确定和决议事项，不能议而不决、决而不行。

5. 严保密工作。通过会议讨论作出有关事项决定，是机关工作的常规流程。机关单位很多重要事情在没有形成决定之前都有一定的保密性。参与办会工作的机关人员应该注意工作纪律，切忌失泄密。

四、办会的阶段

会务工作的内容视会议规模而定。一般规模小、会期短的会议，会务工作的内容相对简单些；而规模大、会期长的会议，会务工作的内容就非常复杂。从流程上看，办会一般有拟订会议内容，提出会议方案，报送领导审批，召开协调会，下发会议通知，开展会务筹备，组织会议召开，管理会议过程，整理会议资料，下发会议文件，归档会议材料等。从阶段性上划分，机关单位办会可以划分为三个阶段。

（一）准备阶段。办会人员的主要任务有：确定会议主题，明确会议目的；起草会议文件，拟定会议文稿；印送会议通知，办理会议事务等。

具体工作内容包括：确定会议主题、名称及议题；确定会议规模和规格，提出与会人员范围或人员名单；拟定会议的时间、会期、议程与日程安排；做好会场的选择和布置；制发会议通知；拟定会议后勤保障方案；准备会议所需用品；制定会议经费预算；拟定会议安全和应急预案等。

（二）实施阶段。办会人员的主要任务有：提前到达会场，反复检查会场准备情况；组织会议签到、分发会议材料；落实主要嘉宾和领导到会情况；按预定方案组织与会人员就座；维持会场秩序；做好会议记录，拟定会议简报；安排好会议照相、摄像；预订与会人员返程车船票等。

（三）收尾阶段。办会人员的主要工作有：印发会议简报和快报，印发会议纪要和会议决定事项通知，回收会议文件，做好会议文件立卷，汇编会议文件，总结会议情况等。

链接：会务工作的流程①

（一）会务工作的一般流程

①拟订会议内容；②提出会议方案；③呈报领导审批；④召开会务准备协调会；⑤下发会议通知；⑥进行会务准备；⑦组织会议召开；⑧管理会议过程；⑨整理会议资料；⑩下发会议文件；⑪收集材料归档。

（二）会务工作的详细流程

1.文件准备

①安排会议议题、议程、程序；②准备会议文件（主报告、领导讲话、发言/经验材料、主持词、会议须知/指南等，文件打印校对装订）；③制发会议通知（包括会议内容、参加人员、开会时间地点、会期、报到时间地点等）；

① https:// www.dangjian.com/djw2016sy/djwjggz/202005/t20200507_5561128.shtml.

④收集确定名单（单位职务、军衔、姓名、性别、民族、人数、往返车船、飞机时间、会议人员分组、按会议人头制作证件：出席证、代表证、列席证、工作证）。

2.会场准备

包括：会标徽记、座席形状、座次安排、音响效果、录像摄影、照明通信、茶水烟盘、花卉布置、会场卫生、安全警卫等。

3.后勤保障准备

包括：文件装袋、房间分配、伙食标准（菜谱）、食品卫生、就餐桌次、用车安排、医疗保健、文娱活动等。

4.会间服务

包括：签到接待、安排会场、分发文件、协助控制会议议程、记录录音、摄影照相、编写简报、会议宣传、会场采暖降温、端茶倒水、安全警卫、食宿和医疗保健、返程票务、文娱活动等。

5.会议善后

包括：会议文件（登记）清退、送别与会人员、暂住人员安排、会议文件归档、印发会议纪要或会议文件、会议财务结算、会务工作总结等。

为方便大家理解，下面举几个会务工作的个例流程。

例1：党委全会会务工作流程

第一步：根据规定和党委首长意图确定会议主题和开会时间；

第二步：筹划会议、拿出方案并起草会议呈批件；

第三步：召开会务筹备工作协调会；

第四步：下发会议通知；

第五步：以组织和纪检为主调研起草党委工作报告和纪委工作报告；

第六步：征求对党委工作的意见和建议；

第七步：准备会议其他文件（包括会议主持词、会议须知、上级党委全会精神传达提纲、领导在会议上的讲话发言、各相关业务部门工作要点等）；

第八步：做好会场、会务和后勤保障准备；

第九步：按计划开会；

第十步：做好会议善后工作。

例2：年终总结表彰大会会务工作流程

第一步：根据规定、惯例和领导意图确定会议主题和开会时间；

第二步：筹划会议方案并起草会议呈批件；

第三步：召开会议筹备协调会；

第四步：下达会议通知；

第五步：准备会议讲话、表彰通令通报、会议议程、会议主持词；

第六步：准备奖状、奖牌、奖章、奖证、奖品、奖金、绶带，以及安排发奖人员；

第七步：做好会场准备，包括会标、音响、音乐、摄像照相、鲜花摆放、暖气等；

第八步：做好发奖预演；

第九步：协调参加会议领导，安排好主席台座次；

第十步：开会：奏乐（一般会前奏《义勇军进行曲》）、宣读通令通报、组织大会发奖、领导讲话、奏乐（一般会议结尾奏会议代表歌曲，如党组织的会议应用《国际歌》、军队会议应用《中国人民解放军军歌》）；

第十一步：会后领导与受奖单位和个人分别合影留念。

例3：如何做好省区市常委会会议服务工作？①

地方党委常委会会议（以下简称“常委会会议”），是党委研究和决定重要事项及协调解决事关全局性、方向性、战略性重大问题的决策性会议。做好常委会会议服务，要以2015年修订施行的《中国共产党地方委员会工作条例》为基本遵循，具体来讲有以下几个方面。

（一）会前环节是召开会议的基础和前提

1.议题征集。每周按程序向市委常委所在部门征询议题，就上会议题对接有关单位，设置会议议程。将常委会会议的常规议题整理成年度议题清单，保

---

① http://www.dangjian.com/djw2016sy/djwjggz/201912/t20191211_5347821.shtml.

持动态更新，以清单为依据计划组织议题，确保上级明确要求常委会研究的议题不遗不漏。

2. 议程编排。参考相关单位报送的议题征集表，初排会议议题、列席人员等；再综合考虑各议题的重要程度、相关性等，确定议程次序，形成送审稿，按程序报审。

3. 材料核校。把握好两个方面。一是文字格式关，主要核校议题材料的框架、结构、文字、格式等；二是程序关，重点审核议题材料是否严格按照上会程序办理，提请研究的事项是否已会商并形成一致意见等，对不符合规定的及时退回修改。按照议题类别，如文件起草说明类、工作汇报类，制定相对规范的体例格式，有助于提升报送材料质量。

4. 主持讲话起草。这既是常委会会议服务的重头戏，也是综合部门以文辅政的重要内容。一般由市委办公室牵头组织起草主持稿，由议题汇报单位提供代拟稿，市委办把关形成会议主持讲话稿，按程序送审。

5. 通知制发。通知印制前后，要仔细核校，确保会议时间、地点、议题名称、参会人员等内容准确无误。通知发出后，要随时关注参会人员的请假情况，遇到有常委同志请假时，须及时报备。

6. 议题材料印发。就材料格式、份数、印制等事宜与有关单位对接。根据对接情况将会议材料递送参会人员。涉密或因其他原因不宜提前递送的，可在会上发出并及时回收。

7. 会场布置及签到。会场布置主要是做好会议座位图排定、桌椅调整、席卡印制摆放，以及灯光、话筒、音响等设备检查工作。同时，要组织好会议签到工作，确保到会率。对未履行请假手续缺席、未经同意由他人代替参会的人员，做好记录并按程序报告。

（二）会中环节是保障会议有序进行的重要一环

8. 会议记录。安排专人记录。应如实记录发言内容，表决结果、表决方式也应记录在案。同时做好录音工作，进一步保证会议记录的质量。

9. 会议衔接。主要是做好话筒传递、席卡调整，以及参会人员到会提醒、材料收发、入场引导等工作。

10.场外秩序。维持好场外秩序，特别是控制会场周围音量，避免噪声或其他因素干扰会议的正常进行。

（三）会后环节是确保会议服务圆满收官的最后一环

11.会场清理。清查候会室、会场，按规定处理好遗落的材料等物品。

12.会议记录整理、纪要编发。结合会议录音完善会议记录，进一步整理成会议纪要，按程序送审、印发。会议纪要须遵循忠于会议、高度概括、指导工作的原则，保证真实客观、原汁原味。

13.资料归档。纸质、电子资料的存档方式不同。纸质资料方面，收集整理一套会议材料，包括议题材料、会议通知、签到表等，按规定归档管理即可；电子资料方面，可将通知、非涉密议题材料、主持讲话等整理建档。涉密文件的存档应严格按照相关保密规定进行。

14.总结提升。“回头看”会议全过程和各环节，查找问题不足，认真分析。同时做好总结，摸索形成更规范的操作流程，不断提升会议服务水平。

15.督查反馈。对会议决定事项的落实情况，做好督办和汇报，确保市委的重要决策部署落到实处。

五、办会的要求

办会工作的总体要求主要是抓好会议控制，提高会议质量，实现会议目标。具体来讲，**一是严格会议审批。**认真落实中央八项规定及其实施细则精神，最大限度地精文减会。凡是能够通过更简单、更高效的方式解决问题的，就不必开会；凡是主题相近、内容相近或参加人员相同的会议合并到一起召开，尽量减少会议召开的次数；凡是能够用电视电话、网络视频召开的会议，就一般不召开现场会议。**二是控制会议规模。**严格按照会议的类别和内容确定参加会议人员数量，参加会议的一定是必要的、非参加不可的人员。办会人员也要精干。目前中央国家机关和大部分地方党政机关，一般把会议按照一、二、三、四类划分，其参加会议人员数量和办会人员数量，严格按照规定的数字和比例执行。**三是细化过程管理。**会议组织者要掌控会议的全过程，做好会议的评估和绩效分析。凡需要安排讨论的会议，会议主持人是会议管理的"交通警察"，要全程掌控会议的讨论过程和讨论效果。参会代表讨论发言如果触及与会议议题无关或者不必要的细节，主持人应及时引导回到议题本身。对分歧意见不能统一或讨论议题不能形成决议的，可推迟到下次会议讨论决定。**四是压缩会议时间。**会议组织部门会前要对会议和会议每个阶段所需的时间进行精确预测。要准时开会、准时结束。必要时限制个人发言时间，有效把握会议进程，防止松散拖沓。对于一般传达布置类的会议，按照一个小时掌握。总结部署表彰类的会议，一般也不超过一个半小时。**五是严格经费开支。**无论是党政机关还是企事业单位，凡会议都要有计划、有预算。会议经费有的是财政资金，有的是自有资金，无论何种资金性质，机关单位都要严禁无计划、无预算，或者超计划、超预算召开会议。会议的预算一般根据类型、规模和类别，实行综合定额预算，涵盖住宿费、餐费，以及其他费用（比如文印费、医药费、交通费等）。严格会议开支，要通过从严从紧审批会议、合理确定会议类别、严格把控会议规模和时间、精确测算会议综合定额、严肃会议报销管理来实现。**六是抓好应急处置。**办会工作有很多内容，涉及诸多环节，环环相扣，哪个环节出了问题，办会工作就会以失败告终。无论是文件准备、会场管理，还是住宿服务、餐饮管理，特别是会议车辆调度、电力调度、医疗服务、食品安全等，必须做好应急预案，准备多套方案。会议过程中，要精确观察，善于应变，合理使用各类力量和资源，切实把会议过程中出现的各类问题消灭在萌芽状态，确保会议的质量和安全。图1-1至图1-5是几种会议的相关流程图。

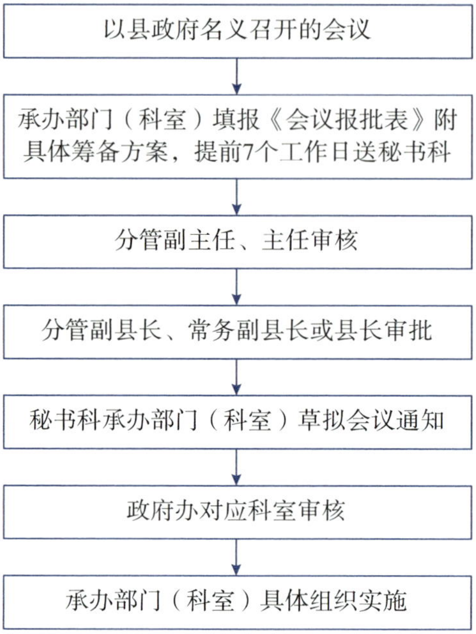

图1-1 会议审批流程图

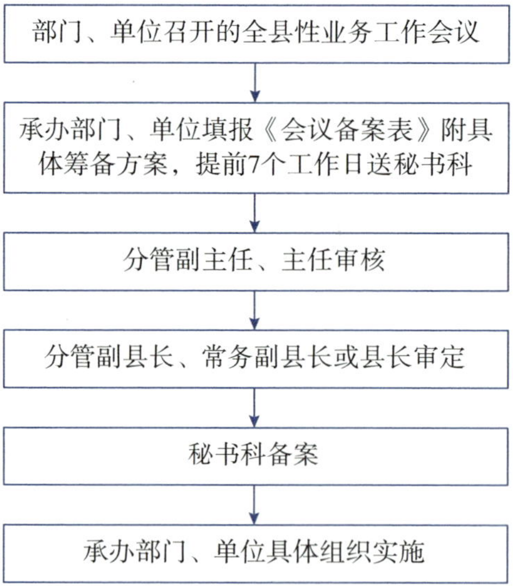

图1-2 会议方案流程图

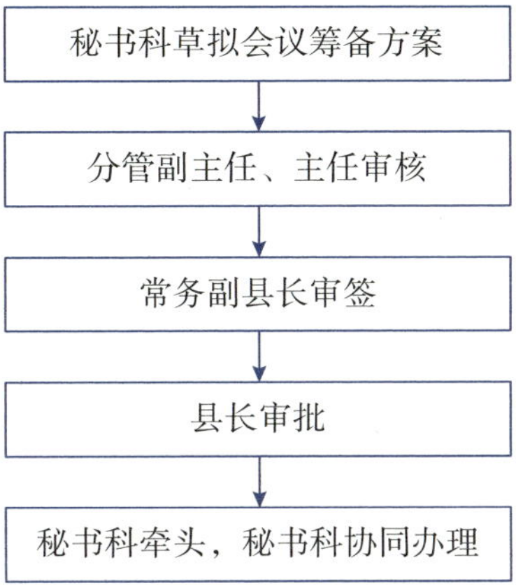

图1-3 县政府全体会议筹办流程图

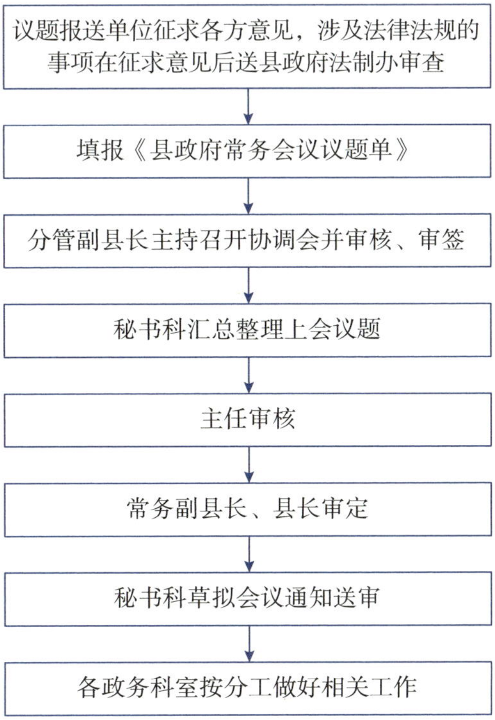

图1-4 县政府常务会议筹办流程图

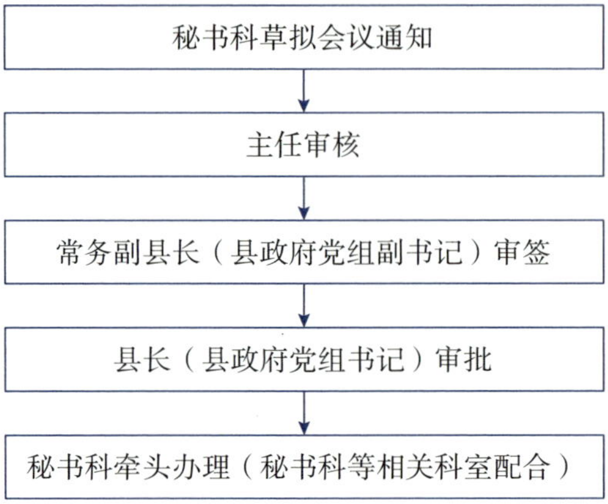

图1-5　县政府党组会议筹办流程图

会议类型、主题、人员角色

会议是指三个或三个以上的人按一定的组织原则聚合在一起，围绕某些共同关心的内容而进行的多向沟通的行为。①孙中山先生认为：“凡研究事理而为之解决，一人谓之独思，二人谓之对话，三人以上而循有一定规则者，则谓之会议。”②会议是有组织、有领导地商议事情的聚会；机关会议是学习传达上级指示、安排部署有关工作、总结表彰先进典型、实现管理意图的手段和途径。

一、会议的要素

一般认为，会议由相互影响、有机统一的八个要素构成。准确地理解和把握这些要素，可以清楚地了解会议概况和基本特性，指导和帮助我们高效

① 王首程编著：《会议管理》，高等教育出版社2003年版，第5页。
② 孙中山著：《建国方略》，生活·读书·新知三联书店2015年版，第485页。

地管理和参加会议。

（一）要素一——会议主题。即会议的名字。会议主题用于表明会议的宗旨和目的。好的会议主题能够显示会议主办者的思想目的、宗旨意识和独特视角，增强会议的吸引力和号召力。主题的语言表述应根据会议性质的不同，可中规中矩、朴实无华，也可标新立异、夺人眼球。主题之下一般会设定多个具体议题，每个议题按照既定的时间、要求和原则进行，以确保更好地实现会议目标。

链接：议题应松紧适度，因时而异

议题众多、规模较大、影响广泛，以及国际性的会议，每个议题、活动和会间休息的时间安排衔接要紧凑，议题按照先重后轻的顺序安排，会议才能更富有成效。议题较少、规模较小、影响面较窄的会议，每个议题的时间安排可宽松一些，议题可按照先简后繁的顺序安排，以便在复杂的议题上进行更深入的讨论。

案例1　中规中矩的会议主题：世界互联网大会

2023年11月，第十届世界互联网大会在中国桐乡乌镇举行，主题为“建设包容、普惠、有韧性的数字世界——携手构建网络空间命运共同体”；2022年11月，第九届世界互联网大会同样在乌镇举行，主题为“共建网络世界　共创数字未来——携手构建网络空间命运共同体”。

以上可见，近两届大会的主题都紧紧围绕互联共享、共治、共赢和命运共同体等关键词来设定，语言朴实，紧扣宗旨，中规中矩。

案例2　标新立异的会议主题：信息技术和互联网公司

同样在互联网领域，信息技术和互联网公司的年会主题设计就显得更有新意。如腾讯公司2016—2019年员工大会主题，分别为“坚守使命，逐梦前行”（2016）；“科技、责任、未来”（2017）；“拥抱变化，全新出发”（2018）；“用户为本，科技向善”（2019）。

华为公司在2018年公司年会上，延续其一贯风格，设计了十分标新立异的主题：“全营一杆枪，决胜中东非”。

链接：2013—2023年博鳌亚洲论坛主题

届次及时间	主　题
第十二届，2013年	革新、责任、合作：亚洲寻求共同发展
第十三届，2014年	亚洲的新未来，寻找和释放新的发展动力
第十四届，2015年	亚洲新未来：迈向命运共同体
第十五届，2016年	亚洲新未来：新活力与新愿景
第十六届，2017年	直面全球化与自由贸易的未来
第十七届，2018年	开放创新的亚洲，繁荣发展的世界
第十八届，2019年	共同命运、共同行动、共同发展
第十九届，2020年	应对世界变局　携手共创未来
第二十届，2021年	世界大变局:共襄全球治理盛举 合奏“一带一路”强音
第二十一届，2022年	疫情与世界：共促全球发展，构建共同未来
第二十二届，2023年	不确定的世界：团结合作迎挑战， 开放包容促发展

（二）要素二——会议议程。是对会议活动顺序的总体安排，主要涉及会议所讨论的事项、需要解决的问题，会议时间、地点、人员，以及主持人等要素。与议程相关的还有议题和日程两个概念，容易混淆。议程是从议题的轻重缓急出发，安排的会议总体进程。日程是从议题的时间先后顺序出发，安排的会议各项议程及辅助活动的进程。

链接：中国人民政治协商会议第十四届全国委员会第一次会议议程[①]

一、听取和审议政协全国委员会常务委员会工作报告

二、听取和审议政协全国委员会常务委员会关于提案工作情况的报告

三、列席第十四届全国人民代表大会第一次会议，听取并讨论政府工作报告及其他有关报告

四、审议通过中国人民政治协商会议章程修正案

五、选举政协第十四届全国委员会主席、副主席、秘书长、常务委员

六、审议通过政协第十四届全国委员会第一次会议政治决议

七、审议通过政协第十四届全国委员会第一次会议关于常务委员会工作报告的决议

八、审议通过政协第十四届全国委员会第一次会议关于提案工作情况报告的决议

九、审议通过政协第十四届全国委员会第一次会议提案审查委员会关于政协十四届一次会议提案审查情况的报告

链接：第十四届全国人民代表大会第一次会议日程

3月5日（星期日）

上午9时代表大会第一次全体会议（开幕会）

1. 听取国务院总理李克强关于政府工作的报告

2. 审查国务院关于2022年国民经济和社会发展计划执行情况与2023年国民经济和社会发展计划草案的报告、2023年国民经济和社会发展计划草案

3. 审查国务院关于2022年中央和地方预算执行情况与2023年中央和地方预算草案的报告、2023年中央和地方预算草案

① 来源：新华网http://www.cppcc.gov.cn/zxww/2023/03/03/ARTI1677856743218310.shtml。

4. 听取全国人大常委会副委员长王晨关于中华人民共和国立法法修正草案的说明

5. 表决大会关于设立第十四届全国人大专门委员会的决定草案

6. 表决大会关于第十四届全国人大专门委员会主任委员、副主任委员、委员人选的表决办法草案

7. 表决第十四届全国人大宪法和法律委员会主任委员、副主任委员、委员人选名单草案

8. 表决第十四届全国人大财政经济委员会主任委员、副主任委员、委员人选名单草案

下午3时代表团全体会议审议政府工作报告

3月6日（星期一）

上午9时代表小组会议审议政府工作报告

下午3时代表小组会议审查计划报告和草案、预算报告和草案

3月7日（星期二）

上午9时代表小组会议审议立法法修正草案

下午3时代表大会第二次全体会议

1. 听取全国人大常委会委员长栗战书关于全国人民代表大会常务委员会工作的报告

2. 听取最高人民法院院长周强关于最高人民法院工作的报告

3. 听取最高人民检察院检察长张军关于最高人民检察院工作的报告

4. 听取国务委员兼国务院秘书长肖捷关于国务院机构改革方案的说明

3月8日（星期三）

上午9时代表小组会议审议全国人大常委会工作报告

下午3时代表小组会议审议关于修改立法法的决定草案、国务院机构改革方案、第十四届全国人大一次会议选举和决定任命的办法草案，推选监票人

3月9日（星期四）

上午9时代表小组会议审议最高人民法院工作报告、最高人民检察院工作报告

下午3时代表团全体会议审议关于国务院机构改革方案的决定草案，酝酿协商中华人民共和国主席的人选，中华人民共和国中央军事委员会主席的人选，全国人大常委会委员长、副委员长、秘书长的人选，中华人民共和国副主席的人选

3月10日（星期五）

上午9时代表大会第三次全体会议

1.表决关于国务院机构改革方案的决定草案

2.表决第十四届全国人大一次会议选举和决定任命的办法草案

3.表决总监票人、监票人名单草案

4.选举中华人民共和国主席

5.选举中华人民共和国中央军事委员会主席

6.选举第十四届全国人大常委会委员长、副委员长、秘书长

7.选举中华人民共和国副主席

下午3时代表团全体会议酝酿国务院总理的人选，中华人民共和国中央军事委员会副主席、委员的人选；酝酿协商国家监察委员会主任、最高人民法院院长和最高人民检察院检察长的人选，全国人大常委会委员的人选

3月11日（星期六）

上午9时代表大会第四次全体会议

1.决定国务院总理的人选

2.决定中华人民共和国中央军事委员会副主席、委员的人选

3.选举国家监察委员会主任

4.选举最高人民法院院长

5.选举最高人民检察院检察长

6.选举第十四届全国人大常委会委员

下午3时代表团全体会议酝酿国务院副总理、国务委员、各部部长、各委员会主任、中国人民银行行长、审计长、秘书长的人选，全国人大民族委员会、监察和司法委员会、教育科学文化卫生委员会、外事委员会、华侨委员会、环境与资源保护委员会、农业与农村委员会、社会建设委员会等专门委员

会主任委员、副主任委员、委员的人选

3月12日（星期日）

上午9时代表大会第五次全体会议

1.决定国务院副总理、国务委员、各部部长、各委员会主任、中国人民银行行长、审计长、秘书长的人选

2.分别表决全国人大民族委员会、监察和司法委员会、教育科学文化卫生委员会、外事委员会、华侨委员会、环境与资源保护委员会、农业与农村委员会、社会建设委员会等专门委员会主任委员、副主任委员、委员人选名单草案

下午3时代表小组会议审议关于政府工作报告、年度计划、年度预算、全国人大常委会工作报告、最高人民法院工作报告、最高人民检察院工作报告的六个决议草案

3月13日（星期一）

上午9时代表大会第六次全体会议（闭幕会）

1.表决关于政府工作报告的决议草案

2.表决全国人民代表大会关于修改《中华人民共和国立法法》的决定草案

3.表决关于2022年国民经济和社会发展计划执行情况与2023年国民经济和社会发展计划的决议草案

4.表决关于2022年中央和地方预算执行情况与2023年中央和地方预算的决议草案

5.表决关于全国人民代表大会常务委员会工作报告的决议草案

6.表决关于最高人民法院工作报告的决议草案

7.表决关于最高人民检察院工作报告的决议草案

8.中华人民共和国主席讲话

9.第十四届全国人大常委会委员长讲话

闭幕

（三）要素三——会议时间。包含了会议时间、会期、会议周期三层含义。会议时间即会议起止时间。一般来讲，会议召开时间应尽量避开重要节日、

会议和事件，以保证领导出席和代表参加会议。会期是指一次会议的时间跨度，会期的长短事关会议的成本和效果。会议周期是指同类会议之间的时间间隔，应当按照相应的法律法规和组织章程来确定。比如，按照《中国人民政治协商会议章程》的规定，中国人民政治协商会议全国委员会全体会议的周期是一年，即每年召开一次。

（四）要素四——会议地点。包含了会议举办地和会议场地两层含义。会议举办地即会议举办所在的城市、区县、街道等具体地址。会议举办地的选择一般要综合考虑会议的性质、主题、时间、接待能力、交通条件和气候环境等因素。会议场地是会议举行的具体场所，选取会场一般要考虑下列因素：会场的硬件（空调、照明、音响、视频系统、同声传译等），会场的软件（管理水平、服务质量、协调能力等），会场的位置（位置适当、市容良好、交通方便、环境安全等），会场结构与布局（面积、层高、材料、结构、色彩、采光、照明、温度、湿度、噪声控制等），审美性（实用、美观、大方、简洁），收费适当（按照会议标准和预算）。总之，选取会场要坚持经济、实用、便捷、舒适的原则，高级别或高层次的会议还要考虑会场是否具备贵宾接待室、宴会厅等特殊设施。常用的会场有会议中心、培训中心、宾馆饭店、会堂礼堂和单位内部会议室等。

链接：中央规定党政机关严禁在21景区开会，禁止“异地开会”

2014年9月，中共中央办公厅、国务院办公厅印发《关于严禁党政机关到风景名胜区开会的通知》，要求各级党政机关一律不得到所列21个风景名胜区召开会议。地方各级党政机关的会议一律在本行政区域内召开，不得到其他地区召开。所涉21个景区为：八达岭—十三陵、五台山、太湖、普陀山、承德避暑山庄外八庙、黄山、九华山、武夷山、峨眉山—乐山大佛、庐山、泰山、嵩山、武陵源（张家界）、武当山、白云山、桂林漓江、三亚热带海滨、黄果树、西双版纳、华山、九寨沟—黄龙。

2015年5月1日，中央纪委监察部网站刊发图文《这些地方风景虽好，开会可别去！》，提醒各级党机关、人大机关、行政机关、政协机关、审判机关、检察机关，以及工会、共青团、妇联等人民团体和参照公务员法管理的事业单位一律不得到以上21个风景名胜区召开会议。

2016年7月1日修订后实施的《中央和国家机关会议费管理办法》（财行〔2016〕214号）规定，参会人员以在京单位为主的会议不得到京外召开。各单位不得到党中央、国务院明令禁止的风景名胜区召开会议。

（五）要素五——会议方式。即举行会议的形式。会议的任务和性质不同，会议的方式也有所不同。按照会议过程中信息的主要传递方向，可分为三类。一是信息单向传递的，主要由会议组织者向参会者传递信息，如报告会、布置会、不接受提问的发布会等。二是信息双向传递的，会议组织者不仅要发布信息，也允许参会者适时提问和发表意见，如听证会、论坛、记者招待会等。三是信息多向传递的，与会各方都可以平等地发布和反馈信息，如研讨会、座谈会等。

一些大型会议兼具多种会议方式，如每年召开一次的全国人民代表大会全体会议，兼具了报告会、审议会、记者招待会等多种形式。

网络会议是当前兴起的一种新的会议方式，便于信息多向传递。对大型会议而言，网络会议可以不受时间和地域限制，减少会议费用，提高办会效率，但同时也对会议设施和技术保障提出了更高要求。

（六）要素六——会议主体。即组织和参加会议的人，包括会议主办者、参加者和主持人。会议主办者是会议的发起者和组织者，广义上讲，包括了会议的发起、策划、主办、承办、协办机构或个人；狭义上讲，即会议的主办机构，对会议举办负有首要责任。大型会议可能出现多个单位联合主办，或多个单位联合承办的情形。

会议参加者是有资格参加会议的人员。参会资格按照权利义务的不同，可分为正式、列席、特邀和旁听四种。选定参会人员要注意避免遗漏和弄错个人信息，遵循惯例，参会者要严格保密和严格遵守纪律，尽量避免代为出席的情况，控制好参会人员数量和规模。

会议主持人是特殊的会议参与者，其主要任务是按照议程有效地组织管理会议，控制会议进程，引导与会者积极参会和发言，制止破坏会议正常开展的行为，营造会场气氛。

（七）要素七——会议总务。会议总务是确保会议如期、正常、顺利召开的一系列事务工作的总称。包括会议的经费预算，会议代表吃、住、行的安排，会议全过程管理，以及会议的消防、卫生、防疫、应急等工作的处理。会议总务工作涉及面广、具体琐碎，必须牢固树立“总务工作无小事，小事连着政治”的思想，竭尽全力，一丝不苟地做实、做细、做到位。

（八）要素八——会议成果。会议是有目的性的社会组织活动，主要目的包括沟通信息、达成一致、解决问题等。会议目的的实现程度就是会议的主要成果。会议成果主要以决议、决定、公告、报告、协议、备忘录等书面形式呈现。

二、会议的类别

机关单位工作中涉及的会议类型繁多，分类标准多样，在考虑会议分类要具有一定现实意义的基础上，本书主要介绍以下五种分类方式。

（一）按照法律性质。会议可分为法定性会议和非法定性会议。法定性会议即宪法、法律、行政法规、部门规章以及其他规范性文件明文规定必须举行的会议，如人代会、党代会等。非法定性会议即除法定性会议之外，不为法律所禁止的会议。[1]

链接：何谓“行政规范性文件”

行政规范性文件是除国务院的行政法规、决定、命令以及部门规章和地方政府规章外，由行政机关或者经法律、法规授权的具有管理公共事务职能

① 向国敏：《会议学与会议管理》，首都经济贸易大学出版社2011年版，第15页。

的组织，依照法定权限、程序制定并公开发布，涉及公民、法人和其他组织权利义务，具有普遍约束力，在一定期限内反复适用的公文。

——《国务院办公厅关于加强行政规范性文件制定和监督管理工作的通知》

（二）按照会议区域。会议可主要分为国际会议、全国会议、区域会议、单位会议等。近年来，在我国召开的大型国际会议日益增多，而国内中央和地方党政机关举办的会议，应依据和参照《中央和国家机关会议费管理办法》的要求，严格审批和控制规模，大幅压缩会议数量。

（三）按照会议规模。会议可分为特大型会议、大型会议、中型会议和小型会议。特大型会议一般人数少则上千人，多则上万甚至几十万人，如2023年3月5日上午，十四届全国人大一次会议在京隆重开幕。近3000名新一届全国人大代表肩负人民重托，齐聚首都共商国是，为全面建设社会主义现代化国家开好局起好步凝心聚力。相对而言，大型会议参会人数一般为150人至300人；中型会议为50人至150人；小型会议不超过50人。《中央和国家机关会议费管理办法》依据参会人数规模和主办单位的层级不同，把会议分为一、二、三、四类，可与特大型会议至小型会议的四个分类的人员规模对应。

（四）按照会议阶段。会议可分为预备会和正式会。预备会也称筹备会，是正式会之前召开的准备会议。预备会上参会人员可以畅所欲言，对正式会上将要通过的议题和决定进行充分讨论。

（五）按照保密要求。会议可分为保密会议和非保密会议，有绝密会、机密会、秘密会、公开会等。保密会议的内容涉及国家秘密和商业秘密，必须采取相应的保密措施，对参会人员的范围和会议资料的保管都有严格要求。[①]

此外，按性质分，会议有法规性、座谈性、专业性、纪念性会议等；按形式分，有又聚又议（讨论座谈会）会议，只聚不议（报告动员会）会议；按时间分，有定期会、不定期会、一次性会、多次性会议等；按级别分，有

① 向国敏：《会议学与会议管理》，首都经济贸易大学出版社2011年版，第15页。

中央级、省级、地市级、县级等会议；按层级分，有政治局、全国人大、全国政协、国务院、省政府、县乡政府会议以及总公司、省公司、地市分公司会议等；按地域分，有华东片会、中南片会、西北片会等；按内部行政程序分，有全体会议、常务会议、党组会议、办公会议、专题会议等；按手段分，有常规会议、电视电话会议、网络视频会议等。除以上分类标准外，还有学者按会议是否以营利为目的、会议的功能、会议的周期等标准对会议进行分类。

会议类型除上述分类外，机关单位经常组织的会议还有以下几种：

党团会议。包括党代表大会、党代表会议、党委全会、党委常委会、党委民主生活会、党支部大会、党支部委员会、党小组会，团代会、团委会、团支部大会、团支部委员会、团小组会等。

行政会议。包括代表大会、部门领导办公会、主任办公会、部务会、处（科）务会、半年总结和年终总结表彰大会、誓师动员大会、教育部署（准备）会、抓基层协调会、经验交流会、形势分析会、公布任职命令和授衔晋衔大会、政法委员会、安全委员会、纪律检查委员会、计划生育领导小组会、老干部工作领导小组会等。

其他会议。包括各类座谈会、现场会、纪念会、庆祝会、报告会、演讲会、茶话会、文艺晚会、电视电话会、新闻发布会等。

三、会议的角色与任务

由于职责和分工不同，参会人员在会议中扮演着不同的角色，主要包括：主持人、记录人、会议主席、参会者四种角色。主持人是会议的引导员和监督员；记录人是会议的书记员和服务员；会议主席是参加会议的主要领导，是会议的设计者和决策者；参会者是根据会议需要受主办方邀请参加会议的人员，有正式、列席和其他人员之分。会议各种角色都同等重要，对会议的成功和效果都起着至关重要的作用。各种角色之间互相支持、有机联系。

（一）主持人

主持人的主要职责是引导会议以高效的方式、在计划时间内完成预定议程，实现会议预期目标。会议讨论和决策过程中，主持人的这种引导作用更加重要。同时，主持人也要参与一些会前和会后的会务工作，如制定会议方案、设计与布置会场、总结会议成效等。

主持人是会场的灵魂，通常由一位具有一定地位的领导者，或富有威望和影响力的人来担任。从素质要求看，主持人应当具有得体的外表形象、流利的语言表达力、敏锐的观察力、灵活的应变力、时间和情绪管理力，善于分析和综合，并富有幽默感，等等。

做一个合格的主持人，还需要加强以下六个方面的训练。

一是保持中立。在会议中，不发表自己的意见，也不评论他人的意见，积极建立与参会者之间的信任关系。

二是树立威信。在会议一开始就树立起威信，有效引导会议的进程。主持人开场白要清晰明了地向参会者介绍会议的目的和议程，强调开会的目的、意义、要求和注意事项。

三是公平待人。在提问和讨论的过程中，主持人要掌控现场，确保参会者都有平等的发言机会，发言者在发言过程中不会受到人身攻击，无人独霸会场、控制话语权等。

四是管理时间。控制好会议进程，按时开会，准时结束。会议开始时，要详细介绍每个议题所需的时间和注意事项，避免会议被无关话题占用时间。

五是注意倾听。耐心细致倾听每个发言者的讲话。领导发言在后，如果领导先发言，往往会给其他人暗示和压力。

六是关注参会者情绪。在会场气氛紧张或冷场时，主持人要当机立断，出面干预，运用自己的职权和应变能力，缓解和活跃气氛，引导会议顺利进行。

链接：遇到冷场时主持人如何应对

主持人组织参会者就某个议题进行讨论，遇到冷场时可以考虑采取以下措施：

- 先静等一会儿，观察大家的举止，是否有人正在酝酿发言；
- 明确表达希望听到参会者发表意见和建议；
- 再次介绍这个议题的内容，确认大家都已弄清；
- 绕开这个议题，先进入下一个议题；
- 先休息五分钟，回来再讨论；
- 自己发言阐述观点，引导大家思考；
- 指定某个重要的参会者先发言，随后可采取自由发言，或按座次、职务高低，以及由上一个发言者指定等方式确定后续的发言人。

（二）记录人

记录人是会议过程中的书记员和服务员，负责书面记录会议的全过程。原则上讲，所有会议，特别是重要仪式、重要讲话和重大决议，要求记录人立场中立，全面客观和原汁原味地记录，不掺杂个人观点和情绪。会后要根据原始记录，整理和起草规范的会议记录。

从要求上看，记录人要熟悉会议的议题和议程，具备会议主题相关专业知识，以便快速理解并记录会议内容；要掌握必要的速记方法，努力捕捉基本信息和发言要点；要如实地记录会议全过程，不能带有个人情绪；要全神贯注听取会议发言内容，保持缄默，不受外界干扰，保持良好的身体和心理状态。

链接：如何又好又快地做会议记录

- 听发言者讲的关键词，抓住基本意思和要点；
- 不要一字不落地记录；

- 字迹要清楚；
- 不要怕写错字；
- 在关键处做标记；
- 用不同颜色的笔记录，突出重点，对内容进行分类；
- 需要时可做小记号，如画三角、标数字等；
- 找一支书写流利的钢笔或签字笔，确认墨水充足，备用一支；
- 两个人同步记录，或准备录音笔。

链接：会议记录应该怎么记[①]

会议记录是什么？

会议记录是将一场线上或者线下的会议的核心内容、基本信息、议程、结果等，以文字、表格、图片等形式记录下来的信息合集。好的会议记录具有尊重事实、高度清晰、总结推进的特点。无论参加会议与否的人都能透过会议记录掌握会议的细节和中心思想。

会议记录的基本要素是什么？

会议名称

时间：年、月、日、时，有时还要包括会议的起止时间。

地点：某会议室。

参会人员：出席人员、缺席人员、列席人员等，如果人数较少要把所有人的全名列出。如果出席人数较多，则可以写明参会范围、部门，写明出席人数。

主持人、记录人：要写清楚姓名。

会议议题：会议的主要议题。

正文：发言人的姓名、发言内容、讨论的内容，提出的建议，通过的决议，表决情况等。

备注：其他要说明的情况。

① http://www.dangjian.com/djw2016sy/djwjggz/202004/t20200430_5555476.shtml.

结尾：可以写散会、结束、完。

需要重点记录的内容有哪些?

会议中心议题以及围绕中心议题展开的有关活动；

会议开始时的定调性言论和结束前的总结性言论；

会议已议决的或议而未决的事项；

对会议产生较大影响的其他言论或活动；

会议讨论、争论的焦点及其各方的主要见解；

权威人士或代表人物的言论。

会议记录怎么写?

5个步骤：

会前准备——准备签到表，填写会议名称、时间、地点等已知的会议要素。

现场记录——快速地、尽量完整地记录会议内容。

会后整理——整理、补充、修正会议过程中记录得不清晰的、不完整的、不准确的内容。编制目录，整理议题、决议等。

上级审核——审核会议记录的准确性。

记录完成——存档方便以后查看，撰写会议纪要。

（三）参会者

参会者会前要认真熟悉会议议程、主要内容和背景材料，按照会议通知要求，做好参会和发言等准备。在会议过程中，要认真听取领导讲话和代表发言，学习会议资料，积极表达自己的意见和建议，遵守会议规则和会场秩序，不对他人进行人身攻击。会后认真总结参会收获，及时向所在单位领导汇报会议情况。在以研讨交流为主要形式的会议上，参会者要注意及时向记录人核实是否准确全面地记录了自己的发言内容。

要提升参会的效果，参会者还要做到以下几个方面：

一是全身心投入开会，不受外界因素干扰，如手机来电、发微信、上QQ、与邻座聊天等。

二是倾听别人发言，做好记录，对发言中关注的要点，可适时追问。

三是摈弃否定主义。在会议研讨中，不受自己固有观点和意见的影响，要积极寻找他人发言的价值。

四是坦然接受批评。对于别人发言与自己的观点相悖，或者别人对自己的观点提出质疑时，要坦然接受，认真反思，不要有抵触情绪。

链接：参会者中的“麻烦”人物有哪些

参会者中的麻烦人物，大致可分为三类。

- 第一类是不遵守会议纪律的，如迟到早退者等。可会前强调会议纪律，会后个别批评谈心。
- 第二类是干扰会议秩序的，如心不在焉、窃窃私语者等。可适当会间休息，个别私下提醒，引导其积极参与会议进程。
- 第三类是发言不妥者，如发言偏颇、道听途说、打岔插话者等。可事先明确会议发言要求，适时纠正或终止其不妥言辞，确保会议顺利推进。

（四）会议主席

会议主席一般由主办方出席会议的最高领导，或者主办方上级单位出席会议的领导担任。会议主席主要负责审定会议方案，出席会议的重要仪式和活动并发表讲话，参加会议讨论，做出会议决议，以及在会议结束时进行总结发言。会议主席一般不自行担任主持人，而是由比会议主席职位稍低的领导担任主持人。在参加会议讨论时，会议主席不能利用领导身份独占发言时间，可以让其他参会者先发言。即使是以通报情况、传达精神等为主的会议，领导需要占据主要的发言时间，一般也不应该由自己引导会议进程。

办会时机与成败关键

什么时候可以开会？什么时候不可以开会？成功会议的主要标志和判断标准是什么？等等。这些问题是开会的前提与条件。

一、会议的功能

1. 会议有哪些基本功能？

会议是一种工具，也是一种工作方式。当工作的完成需要人与人之间信息的交流和印证时，开会是信息交流的有效方式，相对而言，书面或语音交流费时费力，缺少视觉交流，实时互动不够充分。所以说，交流信息，即发布或收集有价值的信息是会议的基本功能。

2. 开会沟通有什么优势？

通过开会沟通信息有两大优势，一是信息大量集聚，信息的碰撞和共鸣，成为解决问题和实现创新的有效途径；二是信息多向传递，既有自上而下的指示和传达，又有自下而上的汇报和反馈，也有平行的研讨与交流，实时多向、视听多途，减少了信息传递中的干扰、丢失和人为破坏。

3. 开会有什么收获？

开会主要是为了交流信息、制订计划、解决问题、作出决策、学习经验、创新思维等。会议对于组织和个人的意义在于，可以使我们找到一种信任感和归属感，摆脱孤独和增强责任感；可以激发人们的创造性，集聚众人的知识和经验，发现解决问题的新思路；可以让人们自由发表意见，参与事关自身的决策制定。

此外，会议还具有体现民主平等、科学决策、宣传政策、展示形象等功能。

二、开会的时机

任何会议的召开都有一定的前提和条件，需要一定的时机，不是想什么时候开就什么时候开。

开会前要解决哪些基础问题？

- 为什么开会，会议的目的和期望是什么？
- 开一个什么类型的会议？
- 谁参加会议，都是什么身份？
- 会议期间，与会人员以哪种方式做什么程度的介入及参与？
- 会议规模和与会人数？
- 会议在哪儿开，会议室如何布置？
- 与会人员在会议中的任务和职责是什么？
- 谁有权做最后决策？
- 会上用什么方式进行讨论和决策？
- 会议开多长时间？
- 列不列议程表？
- 要不要做会议陈述？
- 会议采用什么形式记录？
- 如何决定会议的任务、期限和责任？

解决好以上基本问题，会议就成功了一大半。

什么是成功的会议？

一是有一个共同的内容注意点，与会者围绕同一主题和议题展开讨论和协商，不能顾左右而言他。二是有一个共同的过程注意点，与会者注意力集中，跟随讨论的过程发表见解，不超前、不滞后。三是有专门的人员负责会议环境，有条不紊地开展场地布置、采光照明、座位排序、仪器设备等工作。四是有人负责保护与会人员不受人身攻击，专门控制会议的流程和场面，避免会议陷入混乱的局面。五是与会者每个人的角色分配都明确具体，责任清楚，会议过程中都能按照事先的角色分配履行职责，完成任务。

在实际工作过程中，我们发现，有些会议准备不充分，参加会议的人有些与会议主题无关；有些会议没有明确的主题和目标，甚至根本没有必要召开，或者不值得开。还有另外一种情况，那就是有些必要甚至必须开的会，却因为各种原因没有及时召开，等等。这些问题，实际上就是开会的必要性，即会议的时机和成功会议的基本要素问题。

链接：开会的时机问题

适于开会的几种情形：

- 需要获取他人的信息或建议；
- 需要请他人参与解决问题或制定决策；
- 需要对内或对外发布信息或澄清问题；
- 需要传达重要的精神和决定；
- 需要跨地区跨部门协调工作；
- 需要明确问题或事故的责任人；
- 相关人员自己认为需要开会。

不适于开会的几种情形：

- 处理聘用、晋升、辞退、薪酬等人事问题；
- 会议准备不够充分，特别是议题不明，材料不齐；
- 通过电话、邮件、信函，或个别谈话能更好处理的事项；
- 所谈事项密级较高，不宜广泛知晓；
- 最高领导对要解决的问题已有明确的态度和决定；
- 问题琐碎，影响甚微，不值得开会；
- 相关人员情绪激动或敌对，开会容易出现人身攻击或者秩序失控。

——［英］洛根·皮儿索尔·史密斯（Logan Pearsall Smith）

三、会议的成功与失败

开会是现代组织行政管理的重要内容，不同人对会议的认知不同，容易导致会议效率不高、会议成效不佳，也就是我们所说的会议的失败。

会议为什么失败了?

会议失败的原因主要有三类：对会议规律认识不足，会议本身缺少实际价值，会议过程中参会者无法达成共识。

1. 对会议规律认识不足。人们虽然经常组织和参加会议，但很少有人接受过专门的会议管理的培训，大多数人是在工作中潜移默化地学习和借鉴前人的做法，自发地组织和召开会议，缺少对会议的规律性认识。

不成功的会议经常出现以下三种典型症结。

“多头怪物综合征”。即会议前每个人都有自己关注的问题和方案，都希望自己关注的问题和方案成为会议的焦点。大家都忽略了一个人或者一个群体在一个时间点上，只能关注和思考一件事。如果大家各说各话、各行其是，就会导致无序和没有效率。

“群体攻击综合征”。一个人在会议上提出与众不同的观点时，往往容易引起众人的质疑和攻击，如果这个人职位较低，则更可能瞬间否定自己的观点，来个180度大转弯，随了大溜。长此以往，参会者就再也不愿意提出新颖的甚至是异样的观点，而是更倾向于随着领导的思路和众人的观点表态，也就是随波逐流，这样，在一定意义上就迷失了会议的宗旨。

“权力恐惧综合征”。职位较低的参会者往往会在潜意识中赞同领导的观点和意见，致使讨论无法深入，领导的言论引导了会议的进程，领导的观点迅速成为会议的共同观点。特别是会议进行中领导先发言并表明观点的情况下，下属很难再提出不同的意见和看法。

2. 会议本身缺少实际价值。换句话讲，就是会议开得没有意义。事倍功半，不得其法。主要表现为，一是漫谈。没有明确主题的会议，纯粹为了交往，与聊天无异，没有核心价值和目的。二是例会。是工作中形成的惯例。

如果不能根据工作形势和需要的变化，及时评估其必要性，往往就变成为了开会而开会。三是把开会当成工作。开会仅仅是为了计算工作量，掩饰工作任务的不饱满。四是借开会批评少数人。领导想指正少数人的错误，又要避免尴尬，因此而召集开会，实际上是领导干部工作方法上的缺陷。

3.会议过程中参会者无法达成共识。开会往往是为了制定决策或解决问题，但由于会议筹备不充分，参会者分歧太大，又没有会前的沟通酝酿，或者在讨论环节主持人没能有效地组织等原因，都会造成参会者之间无法达成共识。

以下这些情况也是无法达成共识的原因，值得我们注意。

- 参会者都不愿意承担责任；
- 参会者希望寻找到问题的最佳解决方案；
- 遇到棘手的问题，认为下次再研究；
- 参会者讨论的时间太短，讨论过程偏离主题。①

怎样使会议成功？

会议是否成功，有两个基本的判断标准。一是会议的结果，即会议是否达到预期目的，完成了哪些任务，解决了哪些问题。二是会议的过程，即问题是怎样解决的，决策是怎样做出的，是否有宽松的会议环境，大家是否满意会议的过程。

要想使会议的过程与结果都取得成功，必须采取以下策略。

1.充分考虑开会必要性。要思考是否可以找到取代召开会议的可行方式。如把会议所议问题交由个人解决，用电话、信函等方式替代开会，将多个类似的会议合并召开，等等。如果这些途径和方法奏效，那么就没有必要召开这种类型的会议。

2.明确会议目标和对象。就是要明确为什么要开会和谁来开会的问题。要将草拟的议题逐条列出，逐条研究上会的必要性。原则是，以协调和解决问题为主的会议，要尽量控制参会人数，减小沟通难度，降低不必要的会议成本。若无明确的目标和对象，坚决不开会。

---

① 向阳主编：《秘书会务管理》，北京大学出版社2009年版，第14页。

3.选好会议时间和地点。尽量确保参会者都能出席，重点保障相关领导有时间参会，如果领导不能参加，原则上不应开会。选择会议地点需要充分考虑会场大小、会议设施、交通、食宿及环境条件等。涉及多方利益冲突的协调会，可以选在利益相关方单位以外的场地召开。

链接：精简会议活动，切实改进会风

认真贯彻落实中央八项规定及其实施细则精神，从中央层面做起，层层大幅度精简文件和会议，确保发给县级以下的文件、召开的会议减少30%—50%。

少开会、开短会、开管用的会。上级会议原则上只开到下一级，经批准直接开到县级的会议，不再层层开会。严禁随意拔高会议规格、扩大会议规模，未经批准不得要求党委和政府主要负责同志以及部门一把手参会，减少陪会。提倡合并开会、套开会议，多采用电视电话、网络视频会议等形式。提高会议实效，不搞照本宣科，不搞泛泛表态，不刻意搞传达不过夜，坚决防止同一事项议而不决、反复开会。

——2019年3月，中共中央办公厅《关于解决形式主义突出问题为基层减负的通知》

4.安排好议程和通知。议程要明确会议各项具体议题和时间安排。会议通知的内容要细要全，指导参会者明确自身角色，做好发言材料等准备。通知最好能口头和书面并用，以便确认参会者收到通知，反馈能否到会，能否发言等。

链接：书面通知的范文和点评

会议通知是上级机关召开会议时，通知有关单位和人员参加会议所采用的一类常用公文。通知主要由标题、主送机关、正文和落款四部分组成，标题由发文机关、事由、文种三要素组成，标题中的发文机关可视情况省略；主送机关为多个时，应注意称谓的规范和排序的先后；正文主要讲明会议目的、会议安排（主要是时间、地点、主题、议程和参会人员等）和参会要求（报到、缴费、材料、交通、食宿、着装等）。

由于会议的性质、规模、对象和形式的不同，会议通知的写作风格会有所不同；如果是单位内部小型会议，通知可更加简明，突出工作需要。

发送重要会议通知，或通知重要参会人员时，建议口头和书面方式并用，以便确认参会者收到通知，反馈能否到会，能否发言等。口头通知特别是电话口头通知时，可先拟一个文稿，以便简明、扼要、完整地进行电话通知。印发会议通知要防止重发、错发或漏发，做好登记和相关电话记录，以备后查。

一、写作技巧

1.撰写通知应主题明确、结构清晰，文字简明扼要，使人一目了然；

2.通知正文应开门见山，先简要讲明开会的原因、依据和目的；

3.通知中的会议时间、地点、参会人员、参会要求等应交代准确具体，切勿含混不清；

4.注重通知的时效性，按照开会时间，倒推印发时间，为会议筹备留出足够时间。

二、范文展示

关于召开全市人社系统稳就业保用工工作会议的通知

各县（市）、区人社局，开发区人社局，局有关科室、局属各单位：

为贯彻落实好习近平总书记近期有关重要讲话精神和中央、省、市有关文件部署要求，积极应对疫情对我市经济社会发展的影响，切实做好当前及今后一个时期我市就业工作，拟召开全市人社系统稳就业保用工工作会议。现将有关事项通知如下：

一、会议时间和地点

2020年3月20日上午8：30市人社局二楼会议室。

二、会议主题

研究部署我市企业复工复产用工保障、就业扶贫等工作。

三、参会人员

（一）市人社局有关领导；

（二）各县（市）、区和开发区人社局局长（或分管就业工作的副局长）、就业局局长、就业科科长；

（三）市就业局、市人才服务局分管相关工作的领导；

（四）市人社局办公室、就业科、人力资源流动管理科负责同志。

四、会议议程

（一）传达有关文件精神；

（二）各县（市）、区和开发区人社局参会领导发言；

（三）其他与会代表发言讨论；

（四）市人社局领导讲话。

五、有关要求

（一）参会单位于3月18日17时前将参会人员名单传真至市局办公室，联系人：李×，8520××××、8520××××（传真）。

（二）会场按“一人一桌”布置，会前安排保洁消毒。请参会人员做好自我防护，佩戴口罩，凭我市健康码绿码，检测体温后入场。

（三）会议计划11:00结束，不安排工作餐。参会代表请自行安排往返交通工具，如需开车进院，请提交报名信息时注明车牌号。

市人社局办公室

2020年3月17日

【范文点评】这份会议通知结构清晰、要素齐全、内容全面、表达准确、要求具体。会议主题紧扣当前疫情和就业工作形势需要，会议目的明确，对象范围合适，议程简洁，对疫情防控期间会场的布置及进入会场的要求做了相应安排，提出了明确要求。同时，对会议食宿和交通安排做了必要交代。

5.严格掌控会议进度。严格按照议程开会，按时开始，准时结束。可以采取限制性措施，避免不必要的干扰。把握好参会领导和代表的发言时间，为讨论争取更多时间。会议议题先重后轻，讨论问题先易后难，确保重要的议题和复杂的问题分配到足够的时间。

6.灵活应对会议困境。一是引导好“一语不发”和“滔滔不绝”的参会者，让大家都有公平的机会发言。二是处理好“积极的争议”和“一个语调”的关系。有争议、有碰撞才能有创新，要及时和有艺术地制止跑题和闲聊的人。对于一个语调的问题，要善于启发大家的智慧，充分调动参会者的积极性和主动性。

7.会后落实会议决议。会后要尽快形成会议记录和会议纪要，通过电子邮件、备忘录或者专门函件通知参会者或利益相关方会议作出的决策、需要落实的事项及责任人，安排专人或专门力量跟踪落实会议决议事项。

链接：上海市青浦区区属供排水企业服务区域非居民水价调整座谈会会议纪要①

根据《中华人民共和国价格法》《政府制定价格行为规则》，为切实做好青浦区区属供排水企业服务区域非居民水价调整工作，广泛听取社会各界对非居民水价调整的意见和建议，2023年9月13日下午，区发改委组织召开青浦区区属供排水企业服务区域非居民水价调整座谈会，区发改委副主任朱丰、区水务局副局长陆晓峰出席，10家非居民用户代表（其中1名人大代表、1名政协委员）、区发改委、区经委、区财政局、区生态环境局、区水务局、区商务委代表以及风险评估单位相关负责人参加。经与会单位讨论，形成如下纪要：

1.与会代表一致同意《青浦区供排水企业服务区域非居民水价定价方案》中非居民用户的水价及调整标准，并表示支持或无异议；

① 来源：上海市青浦区人民政府网站https://www.shqp.gov.cn/plan/fgzwgk/zdxz/jcygk/20231110/1147079.html。

2.对部分代表提出“企业支付水费一般需事先安排相应预算，建议提前告知执行调整后水价的具体时间，并给予企业申请预算的时间”的建议，区发改委、区水务局会后将综合考虑，调整非居民水价方案后报区政府确认；

3.供排水企业要以本次调价为契机，落实综合配套设施、提高管理水平，改善供水高峰期供水压力、减少管网漏损，进一步提升供排水服务质量。

会议的人员管理是会议管理的重要内容，也是确保会议如期进行并取得实际效果的基础和前提。

四、会议的人员

会议人员即有资格参加会议的人员。一般要根据会议的目的、性质和议题确定参会人员的范围、规格、资格、规模以及具体名单。会议人员有明确的参会权利和义务，其立场和态度决定了会议的成败。

会议人员分类（权利与义务）

类型	参会权	发言权	表决权	提案权
正式人员	有	有	有	有
列席人员	有	有	没有	一般没有
特邀人员①	有	主办者确定	主办者确定	主办者确定
旁听人员	有	没有	没有	没有

真正有必要参加会议的人，是那些有助于实现会议目标，能为会议出谋划策的人，能对会议决策产生影响或受其影响的人员。按照参会者对会议决策的影响程度由强至弱，可以将参会者分为五类。

① 特邀人员包括会议主办者的上级机关领导、相关单位代表和专家学者等，其参会权利由会议主办者确定。

会议人员分类（决策影响程度）

人员类型	影响强度	主要影响
会议决策者	强	对会议议题有最终决策权
会议推动者	较强	可能对实现会议目标产生重要作用
专家与顾问	一般	掌握会议议题相关专业知识和数据信息
利益相关者	较弱	与会议决策利益相关
决策执行者	弱	执行会议决策

为了确保会议效果，尽量要求本人参会，少带助手，少派代表参会；要尽量减少会议旁听人员；要充分考虑保密的要求；会议人员名单要经主办方领导审核后最终确定；重要的会议还要预先对参会人员进行酝酿和提名。

作为会议主办者，应当用诚恳的方式邀请会议人员参会，根据日程安排合理确定会议时间。让参会者提前了解会议的目的和议程，会议中的角色和任务，以及需要提前准备的事项。

五、会议人员管理

由于参加会议人员的性格、习惯、偏好等方面的差异，会议常常容易发生一些意外情况。常见的有迟到早退、进进出出、低声耳语、霸占话筒、争论不休、一言不发，等等。主办者必须应对和处理好这些情况，才能更好地提升会议效率。具体而言：

一是认真观察和倾听。注意观察参会者的肢体语言，判断其参会感受。比如，别人发言时，他总是身体前倾、手足无措、眉头紧锁，往往意味着他很激动；倾听发言者观点背后所隐藏的潜在情绪，注意发言的措辞，打了什么样的比喻，都可以看出参会者的内心动态。

二是应对迟到早退者。坚持按时开会，按时结束，为每一位参会者印制和摆放桌签；如果是重要人员缺席未到，应及时了解原因，适当调整议程，或在会议开始时说明情况；提前向与会者了解可能存在的特殊情况；不建议公开或当面指责迟到早退者，应事后个别批评。

三是应对霸占话筒者。霸占话筒者多为滔滔不绝、“无所不知”和指手画脚者。可请服务人员走近他加以提醒；可在讨论开始前，说明发言时间限制，请专人计时；当某人发言时间过长时，可礼貌中止其发言，表示谢意，并请其他人发言；对经常打断别人发言的人，应即刻制止。

四是应对干扰会议者。会议开始前强调开会纪律和讨论规则；对窃窃私语、接打电话和进进出出者，可请服务人员靠近，私下提醒；对发言跑题或闲聊者，可打断发言，重申讨论议题，进一步限定其发言时间；也可以根据会议进度适时安排休息，私下与干扰会议者沟通。

五是应对否定一切者。要及时制止，并私下与其沟通，了解原因。有些参会者通过肢体语言表示对发言的漠不关心，如摇头晃脑、眼睛乱转、玩弄手机、乱写乱画，会给其他参会者带来负面情绪。可以先给他暗示，向他提问，私下进一步与其沟通，或婉言请其离场。

六是应对情绪激动者。一旦发言者之间情绪激动，甚至出现人身攻击的情况，应立即制止。若效果不明显，可短暂休息，分别找双方沟通；可向参会者重申讨论发言的规则，对情绪激动者的发言给予建设性的评价，引导参会人员对争论的问题进行多角度思考；也可以搁置分歧难以调和的议题，转而讨论其他议题。

贰

场景二 会前要做哪些准备

制定会议整体规划
列明人员配置与权责
编制经费预算
备齐会议文件
确定会场、布局、座次
做足会前检查

会议的组织准备，重点是精心设计和周密筹备会议的计划、机构、经费、文件和场地等，并做好会前检查工作，确保万无一失。组织准备会议主要包括会议计划管理、会议机构与人员、会议经费和预算、会议文件准备、会场布局与座次、会前检查准备情况等方面内容。

制定会议整体规划

现代经营管理之父亨利·法约尔指出，管理就是预测、计划、组织、指挥、协调以及控制。可见计划是管理工作的重要手段。就会议组织而言，计划管理是对会议总体构思和会议具体流程的策划与设计，表现为会议方案、议程、日程、程序和会议进度安排等。计划管理的关键在于搞清楚和解决好会议筹备的基本问题。

一、会议策划

会议策划是围绕会议目的，根据掌握的资源和信息，运用科学的方法，对会议要素和流程进行总体构想和设计的活动，是制定会议方案的前提和基础。

会议策划的基本原则有哪些?

一是目的明确。一切构想和设计都要围绕更好地实现预期目的和完成会议任务服务，既要确保会议成功，又不能铺张浪费。

二是方法科学。会议筹划具有较强的系统性，要综合运用项目管理、时间管理、危机管理等技术。尊重惯例和习惯，不主张盲目创新。

三是切实可行。策划要实事求是，基于可获取的资源和信息，充分考虑人力、财力和物力的条件和限制。

四是周密细致。《六韬·三疑》中讲，“凡谋之道，周密为宝”。筹备会议是一项系统工作，头绪繁多，相互关联，每个细节都不能忽视，所谓“失之毫厘，谬以千里”。

二、会议方案

会议方案是对会议要素和流程的具体设计，是对会议策划内容的进一步落实和细化，为会议组织准备工作提供重要的指导。方案要突出重点，一些常规的筹备事项可以忽略。方案形成后应报本单位领导或上级主管部门审批。

会议方案主要包括哪些内容？

1.会议的背景、目的、任务和指导思想；

2.会议的时间、地点；

3.会议的名称、主题和议题；

4.会议的形式；

5.会议的日程；

6.会议的主办者、承办者及会议组织机构；

7.会议的参加对象和规模；

8.会议的接待安排；

9.会议的经费预算；

10.会议的宣传报道；

11.会议筹备工作的进展情况。

起草会议方案要注意什么？

1.开会的缘由和目的要说清楚，以便领导充分认识到开会的重要性和必要性；

2.方案内容要全面、系统、翔实，便于操作；

3.文字要规范、简洁、严谨，没有歧义。

三、会议议程、日程和程序

议程、日程和程序是对会议内容和时间的重要安排，是组织会议的重要依据。

议程是将会议的各项议题按照重要程度、时间先后、逻辑关系或一定的议事规则排序，再以列表的形式呈现；议程还可以包含会议的名称、对象、时间、地点等基本信息。

拟订会议议程步骤：

1.弄清楚会议各项议题的具体内容；

2.将会议各项议题按照轻重缓急编排起来；

3.预估会议各项议题所需的时间；

4.编制会议议程。

日程是按照日历时间顺序，对会议活动和接待服务做出的全面安排，是会议的时间表，是以天为单位对会议做出的详细安排。

程序是按照时间顺序列出会议各项议题及其他辅助性活动。

程序与议程的主要区别在于，议程仅列出会议的各项议题并按重要程度和逻辑关系排序，程序则列出会议的各项议题和其他辅助性活动并按时间排序，程序对会议活动和流程的安排比议程更为细致。

链接：议程和日程的区别和案例

议程是一次会议上所要讨论的问题及其进行的程序安排。会议要讨论的一个个问题，便是议题（也称议程项目），可以说，议程是议题的总和，但同时又反映讨论的顺序及议题的相互联系。除非另有规定，否则议题必须按顺序进行讨论，不能前后颠倒。议程一旦确定下来，便具有稳定性和强制性特点。所以说，议程是严格的议题顺序安排。一般来说，议程仅开列议题及其讨论次序，不做时间或其他安排。为便于与会者了解各议题讨论的时间、地点、会议分组情况以及会外活动，会议秘书处经常要编印会议日程，及早发放到与会者手中，内容简单明了，有时可用表格形式。会议日程在执行过程中时有变动。某一个议题的讨论可能提前或推迟结束，会议室可能临时更改，新的会议或社交活动可能临时插进，原来的安排日程可能要做相应变动，所以，会议日程具有更大的灵活性和机动性。

办会人员要注意议程和日程的区别，不能把议程混同于日程，更不能把议程等同于日程。

第十三届全国人民代表大会第五次会议议程①

一、审议政府工作报告

二、审查2021年国民经济和社会发展计划执行情况与2022年国民经济和社会发展计划草案的报告、2022年国民经济和社会发展计划草案

三、审查2021年中央和地方预算执行情况与2022年中央和地方预算草案的报告、2022年中央和地方预算草案

四、审议全国人民代表大会常务委员会关于提请审议《中华人民共和国地方各级人民代表大会和地方各级人民政府组织法（修正草案）》的议案

五、审议全国人民代表大会常务委员会关于提请审议《第十三届全国人民代表大会第五次会议关于第十四届全国人民代表大会代表名额和选举问题的决定（草案）》的议案

六、审议全国人民代表大会常务委员会关于提请审议《中华人民共和国香港特别行政区选举第十四届全国人民代表大会代表的办法（草案）》的议案

七、审议全国人民代表大会常务委员会关于提请审议《中华人民共和国澳门特别行政区选举第十四届全国人民代表大会代表的办法（草案）》的议案

八、审议全国人民代表大会常务委员会工作报告

九、审议最高人民法院工作报告

十、审议最高人民检察院工作报告

① 来源：中国政府网 https://www.gov.cn/xinwen/2022-03/04/content_5677009.htm。

第十三届全国人民代表大会第三次会议日程[①]

3月5日（星期六）

上午9时代表大会第一次全体会议（开幕会）

1.听取国务院总理李克强关于政府工作的报告

2.审查国务院关于2021年国民经济和社会发展计划执行情况与2022年国民经济和社会发展计划草案的报告、2022年国民经济和社会发展计划草案

3.审查国务院关于2021年中央和地方预算执行情况与2022年中央和地方预算草案的报告、2022年中央和地方预算草案

4.听取全国人大常委会副委员长王晨关于中华人民共和国地方各级人民代表大会和地方各级人民政府组织法修正草案的说明

5.听取全国人大常委会副委员长王晨关于第十四届全国人民代表大会代表名额和选举问题的决定草案的说明

6.听取全国人大常委会副委员长王晨关于中华人民共和国香港特别行政区选举第十四届全国人民代表大会代表的办法草案的说明

7.听取全国人大常委会副委员长王晨关于中华人民共和国澳门特别行政区选举第十四届全国人民代表大会代表的办法草案的说明

下午3时代表团全体会议审议政府工作报告

3月6日（星期日）

上午9时代表小组会议审议政府工作报告

下午3时代表小组会议审查计划报告和草案、预算报告和草案

3月7日（星期一）

上午9时代表小组会议审查计划报告和草案、预算报告和草案

下午3时代表小组会议审议地方各级人民代表大会和地方各级人民政府组织法修正草案、关于第十四届全国人大代表名额和选举问题的决定草案、香港特别行政区选举第十四届全国人大代表的办法草案、澳门特别行政区选举第十四届全国人大代表的办法草案

---

① 来源：共产党员网https://www.12371.cn/2022/03/07/ARTI1646616989823967.shtml。

3月8日（星期二）

上午9时代表大会第二次全体会议

1.听取全国人大常委会委员长栗战书关于全国人民代表大会常务委员会工作的报告

2.听取最高人民法院院长周强关于最高人民法院工作的报告

3.听取最高人民检察院检察长张军关于最高人民检察院工作的报告

下午3时代表小组会议审议全国人大常委会工作报告

3月9日（星期三）

上午9时代表小组会议审议关于修改地方各级人民代表大会和地方各级人民政府组织法的决定草案、关于第十四届全国人大代表名额和选举问题的决定草案修改稿、香港特别行政区选举第十四届全国人大代表的办法草案修改稿、澳门特别行政区选举第十四届全国人大代表的办法草案修改稿、最高人民法院工作报告、最高人民检察院工作报告

下午3时代表小组会议审议最高人民法院工作报告、最高人民检察院工作报告

3月10日（星期四）

上午9时代表小组会议审议关于政府工作报告、年度计划、年度预算的三个决议草案

下午3时代表小组会议审议关于全国人大常委会工作报告、最高人民法院工作报告、最高人民检察院工作报告的三个决议草案

3月11日（星期五）

上午9时代表大会第三次全体会议（闭幕会）

1.表决关于政府工作报告的决议草案

2.表决全国人民代表大会关于修改《中华人民共和国地方各级人民代表大会和地方各级人民政府组织法》的决定草案

3.表决关于第十四届全国人民代表大会代表名额和选举问题的决定草案

4.表决中华人民共和国香港特别行政区选举第十四届全国人民代表大会代表的办法草案

5.表决中华人民共和国澳门特别行政区选举第十四届全国人民代表大会代表的办法草案

6.表决关于2021年国民经济和社会发展计划执行情况与2022年国民经济和社会发展计划的决议草案

7.表决关于2021年中央和地方预算执行情况与2022年中央和地方预算的决议草案

8.表决关于全国人民代表大会常务委员会工作报告的决议草案

9.表决关于最高人民法院工作报告的决议草案

10.表决关于最高人民检察院工作报告的决议草案

闭幕

四、会议进度计划

会议进度计划是根据会议方案、议程、日程等资料，制定的关于会议筹备工作的任务分工、具体活动、责任人、任务目标和时间节点等方面的具体安排。在制订进度计划时，引入进度计划表或甘特图表，可以更直观地表明各项筹备工作的具体安排。

会议筹备进度计划表（示意）

一级分工	二级分工	具体活动	责任人	任务目标	时间节点
会前筹备	会议计划	制订会议计划	A	形成会议计划	会前6周
		起草会议方案	B	形成会议方案	会前5周
		报请会议方案	B	批复会议方案	会前4周
		制定会议议程	C	形成会议议程	会前3周
		制定会议日程	C	形成会议日程	会前3周
	会议机构	……	……	……	……
	会议经费	……	……	……	……
	会场布置	……	……	……	……
	会议文件	……	……	……	……

会议筹备进度甘特图表（示意）

一级分工	二级分工	具体活动	时间进度（以周为单位）							
			7周	6周	5周	4周	3周	2周	1周	0周
会前筹备	会议计划	制订会议计划								
		起草会议方案								
		报请会议方案								
		制定会议议程								
		制定会议日程								

列明人员配置与权责

办会机构和人员是会议主办者为保证会议筹备和组织工作顺利进行，为会议专门设立的机构和配备的人员。

一、办会机构

办会机构是会议组织筹备的管理机构，根据会议规模和实现会议目的的需要，办会机构的设置可简可繁。

会议规模与办会机构设置

会议规模	办会机构设置
规模较小，组织工作较为简单	会务组
规模较大，组织工作较为复杂	秘书处：会务组、后勤组、秘书组、材料组、宣传组、技术组、保卫组
重大会议，组织工作十分复杂	领导机构（组委会、主席团） 执行机构（秘书处）：会务组、后勤组……

如上表所示，重大会议根据需要可设置办会领导机构和执行机构。领导机构对会议负有领导责任，决定会议筹办等重大事项。执行机构负责具体落实会议筹办的各项事务。

二、会议执行机构

会议执行机构是规模较大或者重大会议设置的会议管理执行机构，常见的是会议秘书处。秘书处一般下设多个专门工作小组，一类主要负责参会人员，如会务组、后勤组；一类主要负责文字材料，如秘书组、材料组、宣传组；一类主要负责会议保障，如技术组、保卫组。[①]具体职责分工建议见下表：

会议秘书处内设机构及主要职责分工[②]

工作组类型	工作组名称	主要职责
负责参会人员	会务组	参会人员资格审查、签到、座次、分组、讨论、选举
	后勤组	参会人员食宿、交通、文体、医疗、财物、会场布置
负责文字材料	秘书组	会议材料起草，会议记录纪要，领导交办事项
	材料组	会议材料印发、保管、清退、归档
	宣传组	简报与新闻稿，落实媒体报道、新闻发布会和记者招待会
负责会议保障	技术组	摄录像及照相，设备安装调试，网络环境布置
	保卫组	会场安全保卫，会议信息安全

① 向阳主编：《秘书会务管理》，北京大学出版社2009年版，第35页。

② 一些会议根据工作需要，还会设立接待组、提案组、联络组、总务组、简报组等。

三、办会人员要求

办会人员的能力很大程度上决定了会议机构的工作的优劣，也决定了会议组织能否取得成功。

下表以七个会议工作组为例，从口头表达、文字写作、组织协调等多个维度，对办会人员主要能力及素质提出了明确要求。

办会人员应重点具备的能力及素质①

	口头表达	文字写作	组织协调	灵活应变	认真细致	观察能力	创新能力
会务组	√		√		√		
后勤组	√		√	√	√		
秘书组		√	√	√	√		√
材料组	√				√		
宣传组	√	√	√	√	√	√	√
技术组				√	√	√	
保卫组			√	√	√	√	

《中央和国家机关会议费管理办法》将会议分为一、二、三、四类，并对每类会议的办会人员数量做出了明确规定。该办法规定，一类会议参会人员按照批准文件，根据会议性质和主要内容确定，严格限定会议代表和工作人员数量；二类会议参会人员不得超过300人，其中，工作人员控制在会议代表人数的15%以内；三类会议参会人员不得超过150人，其中，工作人员控制在会议代表人数的10%以内；四类会议参会人员一般不得超过50人。

① 打"√"的选项，表示此项是会议管理工作组应重点具备的能力素质。

编制经费预算

会议的经费管理主要包括明确经费来源、严格开支范围和规范经费预算三个方面。

一、经费来源

由于会议性质和主办单位的不同，会议经费可来源于财政专项经费、日常行政经费、参会者缴费、资助赞助和收费广告等。《中央和国家机关会议费管理办法》规定，中央和国家机关召开的会议，会议费应在部门预算的专项经费或公用经费中列支，会议费由会议召开单位承担，不得向参会人员收取，不得以任何方式向下属机构、企事业单位、地方转嫁或摊派。具体要求是，一类会议在部门预算专项经费中列支，二、三、四类会议费在部门预算公用经费中列支。

二、开支范围

会议经费开支范围主要包括住宿费、伙食费、会议室租金、交通费（接送站、考察、调研等活动，城市间交通费回单位报销）、文件印制费、医药费等。此外，企业会议还可能涉及宣传、考察、劳务费用等；外事会议涉及翻译、宴请、礼品费用等。

《中央和国家机关会议费管理办法》规定，严格会议费报销，凡是报销会议费，必须提供会议审批文件、会议通知及实际参会人员签到表、定点饭店等会议服务单位的费用原始明细单据、电子结算单等凭证。以银行转账或公务卡方式结算，禁止以现金方式结算。在会议费使用范围上，《中央和国家机关会议费管理办法》规定：

不得借会议之名组织会餐、安排宴请；

不得套取会议费设立“小金库”；

不得在会议费中列支公务接待费；

不得安排高档套房；

不得提供高档菜肴，上烟酒；

不得摆花草，制作背景板，提供水果；

不得购置电脑、复印机、打印机、传真机等固定资产；

不得组织旅游和参观；

不得组织高消费娱乐、健身活动；

不得发放纪念品；

不得额外配发洗漱用品等。

会议经费主要开支项目及相关要求①

开支项目	具体要求
住宿费	1.按财政部和各省发布的出差住宿费限额标准安排住宿，严禁超标接待；② 2.参会人员在50人以内且无外地代表的会议，原则上不安排住宿； 3.部级及相当职务人员住普通套间，司局级及以下人员住单间或标准间； 4.严格执行会议用房标准，不得安排高档套房； 5.合理预订会议用房，避免与实际参会人数差距过大，造成浪费。
伙食费	1.严格控制菜品种类、数量和分量，安排自助餐，严禁提供高档菜肴，不安排宴请，不上烟酒； 2.伙食费标准按照每人每天确定或明细到单餐； 3.合理预定就餐人数，避免与实际就餐人数差距过大，造成浪费。

①《中央和国家机关会议费管理办法》（2016）、《党政机关会议定点管理办法》（2015）、《中央和国家机关差旅费管理办法》（2013）、《关于调整中央和国家机关差旅住宿费标准等有关问题的通知》（2015）、《中央和国家机关工作人员赴地方差旅住宿费标准明细表》（2016）。

②《中央和国家机关差旅住宿费和伙食补助费标准表》。

续表

开支项目	具体要求
会议室租金	1. 各单位会议应当到定点饭店召开，按照协议价格结算费用； 2. 未纳入定点范围，价格低于会议综合定额标准的单位内部会议室、礼堂、宾馆、招待所、培训中心，可优先作为本单位或本系统会议场所； 3. 参会人员在50人以内且无外地代表的会议，原则上在单位内部会议室召开； 4. 会议会场一律不摆花草，不制作背景板，不提供水果。
交通费	1. 用于会议代表接送站，以及会议统一组织的代表考察、调研等发生的交通支出； 2. 会议代表参加会议发生的城市间交通费，按照《中央和国家机关差旅费管理办法》规定回单位报销。

三、经费预算

做会议经费预算应坚持哪些原则？

一是严格预算标准。《中央和国家机关会议费管理办法》对各类会议都确定了综合定额标准，即会议费开支上限。其中，明确规定三、四类会议的预算上限是每人每天550元，二类会议上限是每人每天650元，一类会议上限是每人每天760元。

会议费综合定额标准（上限）

单位：元

会议类别	住宿费	伙食费	其　他	合　计
一类会议	500	150	110	760
二类会议	400	150	100	650
三、四类会议	340	130	80	550

同时，严格限定了参会人数和会议天数。其中，一类会议期限按照批准

文件，根据工作需要从严控制；二、三、四类会议不超过2天，传达、布置类会议不得超过1天。报到和离开时间，一、二、三类会议不超过2天，四类会议合计不得超过1天。

二是统筹经费使用。在经费预算允许的各项支出中，应重点保障会议场地费、文件印制费等直接费用支出，统筹好食宿、交通等间接费用支出，严禁超标准接待。

链接：会议成本计算公式[①]

C=2sp+r+f+v

C：会议总成本，由直接成本和间接成本两部分组成

s：每小时平均工资，p：参会人员每小时创造的平均利润，2sp属隐性间接成本，难以准确测算

r：直接成本，如会议室租金、文件印制费等

f：招待费，属显性间接成本，如食宿费、交通费等

v：参会人员差旅费和补贴费用，属显性间接成本

三是坚持厉行节约。勤俭办会，不铺张，不浪费。严格审核经费支出，对超范围、超标准开支的经费不予报销。

在预算编制和经费使用过程中还应该注意哪些问题？

1.要说明各项费用的主要用途和计算方法；2.准确估算参会人数，以免浪费场地费和食宿费；3.及早编制预算，根据筹备进展，动态调整；4.增强成本意识，综合评估会议直接成本和间接成本；5.严格控制食宿费标准；6.各项费用预算要留有余地，以备突发情况。

① 参考王泽军：《秘书工作使用全书》，中国商业出版社1996年版。其中关于直接成本、显性和隐性间接成本的表述为本书编者总结，仅供参考。

备齐会议文件

会前需要准备的会议文件主要包括：会议通知、会议手册、欢迎词、总结讲话和其他文件等。

一、会议通知

会议通知应讲明会议的背景、目的、任务、时间、地点、参会人员、主题、议题、食宿安排、交通线路、缴费标准、报到须知、会务联系方式、报名回执要求等内容。

起草会议通知时要注意哪些事项？

- 通知内容要准确具体，使参会人员能便捷顺利地参会；
- 要讲清楚参会人员的范围和人数要求；
- 报名回执至少要统计参会人员的姓名、性别、民族、工作单位、职务职称、手机号码、接送站需求、住宿需求等信息；
- 通知要尽早及时发出，以便参会人员报名和调整工作安排；
- 邀请上级单位和特邀代表参会，需发送邀请函，以示尊重；
- 内部会议通知可只讲明会议时间、地点、主题、参会人员。

二、会议手册

会议手册是参加会议活动的行动指南，也是办会人员筹备组织会议工作的指导手册。会议手册的主要内容有参会须知、日程安排、代表名单及分组安排、作息及活动的时间与地点、会场席次图、会务组联系方式、会议地点及周边交通示意图等。

参会须知应讲清楚会场纪律、活动纪律、请假纪律、食宿纪律、安全纪律、保密纪律和节能要求，说明房间网络、电话等设施使用方法，退房和返程订票事宜，以及会务组联系方式。如，就餐纪律一般包括：要凭餐券就餐，提倡光盘行动，杜绝浪费，会议期间严禁饮酒，严禁聚餐等。

编制代表名单时注意什么？

- 按工作单位排序依据要科学严谨，如应严格依据中央和国家机关排序、地方行政区划排序、中央企业排序等；
- 工作单位要写全称或规范化简称，工作部门的详细程度统一；
- 参会人员的性别和民族要注明，以示尊重，也便于安排食宿；
- 参会人员的职务和职称要准确，表述要规范和统一；
- 参会人员的联系方式要反复校对，可逐一联系确认无误；
- 保存好原始报名回执，以便校对和核查。

三、欢迎词和总结讲话

欢迎词和总结讲话是会议正式开始和结束的重要标志，一般由会议主办单位主要领导或上级主管部门的领导来致辞和总结。欢迎词的内容应介绍会议的背景、目的、任务、主题、议题、参会人员等会议基本情况，向参会人员表示欢迎并提出参会要求。总结讲话的内容应总结会议取得的主要成果，强调会上领导重要讲话的精神，向参会人员和相关单位表示感谢，对今后的工作提出希望和设想，最后宣布会议闭幕。

链接：欢迎词（中国驻吉尔吉斯斯坦共和国使馆）[1]

各位朋友：

欢迎访问中华人民共和国驻吉尔吉斯斯坦共和国大使馆网站！

---

① 来源：中华人民共和国驻吉尔吉斯共和国大使馆官网 http://kg.china-embassy.gov.cn/hyc/。

中国与吉尔吉斯斯坦山水相连，是好邻居、好朋友、好伙伴、好兄弟。古丝绸之路见证了两国人民上千年的友好交往。1992年中吉建交，两国关系始终保持健康稳定发展良好势头，已提升为全面战略伙伴关系。在抗击新冠肺炎疫情斗争中，中吉两国人民守望相助，相互支持，用行动印证了“患难见真情”、“远亲不如近邻”。

2023年5月，吉总统扎帕罗夫对中国进行首次国事访问并出席中国—中亚峰会，习近平主席同扎帕罗夫总统在西安举行重要会晤。两国元首发表联合宣言，宣布将中吉关系提升为新时代全面战略伙伴关系，两国将共同构建睦邻友好、共享繁荣的命运共同体，为中吉关系发展指明了方向，增添了动力。当前中吉关系处于历史最好时期。两国贸易额创历史新高，中吉乌铁路、楚河州2号水渠、比什凯克市政路网改造等共建“一带一路”合作大项目取得积极进展。双方在交通、安全、能源、人文等领域及两国地方间交流合作日益拓展。

中国已踏上全面建设社会主义现代化国家新征程，将以中国式现代化全面推进中华民族伟大复兴宏伟目标。中国驻吉使馆将坚持认真学习贯彻习近平新时代中国特色社会主义思想和习近平外交思想，深入贯彻党的二十大精神，坚持外交为民，全力推动中吉友好合作，坚定维护在吉中国公民、中资企业安全和合法权益，为推动构建中吉命运共同体作贡献。

真诚希望各位朋友持续关注和支持使馆网站，真诚欢迎大家对使馆网站和使馆各项工作提出宝贵意见建议！

中华人民共和国驻吉尔吉斯斯坦共和国特命全权大使
杜德文

四、其他文件

其他文件主要包括两类，一类用于会议召开过程，如领导讲话、经验交流材料、提案、选票、代表证等；另一类用于开展会后工作，如简报、新闻稿、会议记录、会议纪要、备忘录、声明等。会后使用的文件应在会前和会议过程中及早形成初稿，再根据会议进程随时修改，以保证在会议结束后第一时间修改定稿，用于指导工作。

链接：会议文件的安全与保密

- 涉密文件要正确标示密级信息，通过机要方式传递；
- 安排专人负责起草、打印、保管和收发涉密文件；
- 参会人员要妥善保管涉密文件，避免意外损毁；
- 参会人员严禁私自复印、拍照或将涉密文件带离会场；
- 严格涉密文件的签收、清退和销毁程序；
- 加强对处理涉密文件的设备和载体的保密检查；
- 参会人员不得擅自对外提供会议涉密文件信息。

确定会场、布局、座次

会场的布置主要包括会场选择、会场布局、会场座次和会场物品布置等内容。

一、会场选择

会场的选择，一般有两种情况，一是选择社会宾馆饭店或机关单位会议宾馆，二是预订机关内部会议室。

（一）外部会议场所的选择。要充分考虑以下几个因素：一是交通是否便利。一般应当选择距离领导和与会者的工作地点都比较近的地方。二是会场的大小是否与会议规模相符。一般来说，每人平均应当有2—3平方米的活动空间比较适宜。同时应当考虑会议时间的长短，时间长的会议，场地可以大些。三是场地是否有良好的设备配置。桌椅家具、通风、照明、空调、音像设备要尽量齐全。同时应该根据会议的需要检查有无需要租用特殊的设备，如演示板、电子白板、放映设备、音像设备、录音机、投影仪、计算机、麦克风等。四是场地是否受外界干扰。应当尽量避开闹市区，会场内部也应当具有良好的隔音设备，以保证会议能在安静的环境中顺利进行。五是有无停车场所和安全设施问题。六是场地租借的费用是否合理。七是会议场所周围是否有必要的餐饮和娱乐、健身设施等。

（二）内部会议室的预订与安排。大多数机关单位都有自己的内部会议室，预订内部会议室要做到：一是要有一定的提前量，在确定准确的会期之后，应当尽早预订，以免被动。二是正式预订会议室之后，在使用的前一天，一定要再次落实，以免与其他会议发生冲突。三是预订和调配会议室，应当尽量使场地的大小、格局、设备的配备与会议的人数、性质和类型相匹配。四是调配安排会议室时要留有足够的自由使用空间，会议之间的间隔不要太紧，不要出现会议还未结束就被人清走的尴尬。五是负责会议室安排和协调的秘书人员，事先要查看会议议程，了解会议的主持者和演讲者是否需要音像辅助设备，要了解各种设备的功能，并事先将各种设备调整到最佳状态。[①]

二、会场布局

办公室、内部会议室、会堂礼堂、会议中心、培训中心等都可以作为会议场地。选择会议场地，要遵循两个原则：一是实用，即大小适中、简朴整洁、设施良好、服务专业；二是环境，即宁静舒适、交通便利、安全保密。

会场的具体布局，根据会议的性质、规模、参会人员类型等因素，可以分为剧场式、课堂式、研讨式、对话式、论坛式、宴会式等。分别具体介绍如下：

1. 剧场式布局。适于大型的代表大会、报告会等使用，一般参会人数都

---

① 金常德主编：《秘书日常事务管理》，北京大学出版社2010年版，第70—71页。

在300人以上，有的甚至超过1000人。剧场式会场庄重肃穆，气势宏伟，中国共产党全国代表大会、全国人民代表大会全体会议、中国人民政治协商会议、全国委员会等重大政治性会议都采用这种布局。

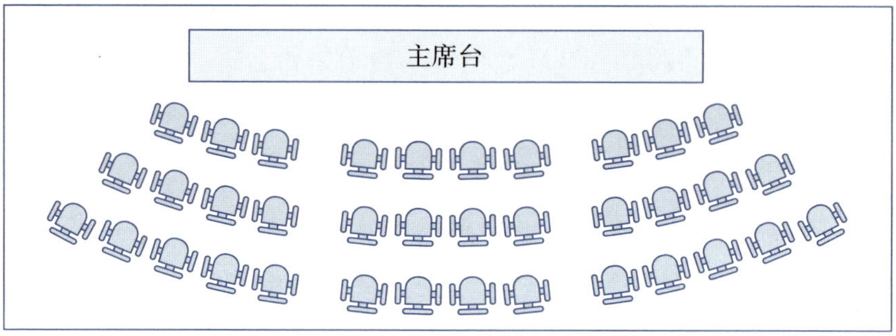

图2-1　剧场式会场布局示意图

2. 课堂式布局。适于大中型的工作会、报告会等使用，一般人数在50—300人不等。有的课堂式会场，如一些五星级酒店的宴会厅改成的会场也能容纳500人。

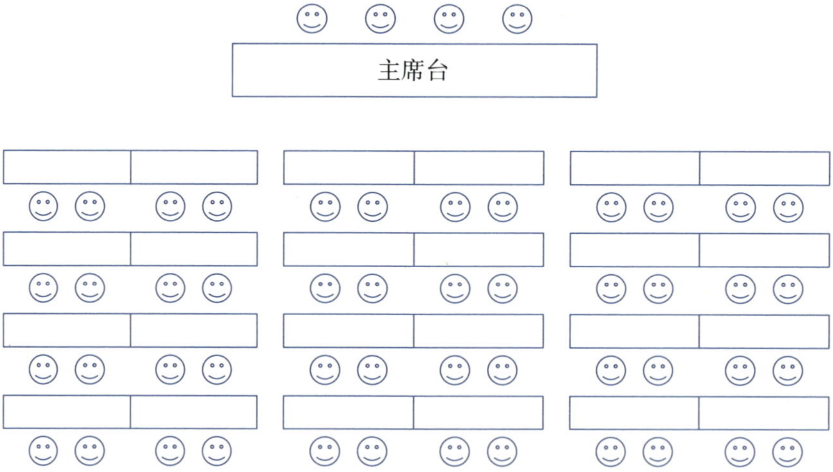

图2-2　课堂式会场布局示意图

3. 研讨式布局。适于中小型研讨会、座谈会等使用。适用广泛，互动性强，会议人数一般在30人以内。会议桌的形状可以多样，如圆形、长方形、椭圆形、"U"形等。

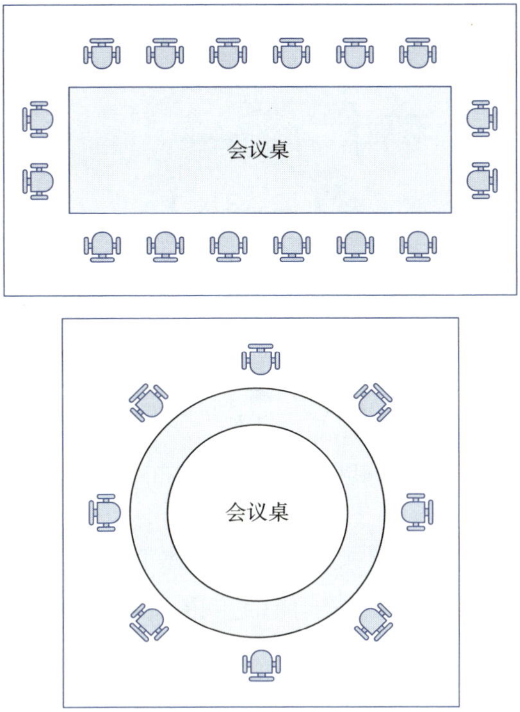

图2-3　研讨式会场布局示意图

4.对话式布局。适于多边对话和协调问题时使用，多用于国际多边对话和谈判等，如中日韩“三方委员会”会议、朝核六方会谈等。布局要注重各方地位平等。双边会谈使用研讨式布局即可。

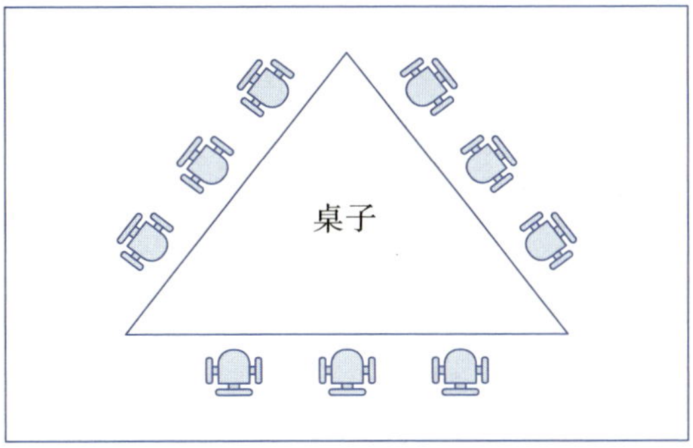

图2-4　中日韩“三方委员会”会议会场布局示意图[1]

---

① 2004年6月21日，中日韩“三方委员会”首次会议在青岛举行。中国外交部长李肇星、日本外相川口顺子、韩国外交通商部长官潘基文率团出席了会议。三国领导人授权“三方委员会”研究、规划和协调三方合作，并向年度三方领导人会议提交进展报告。

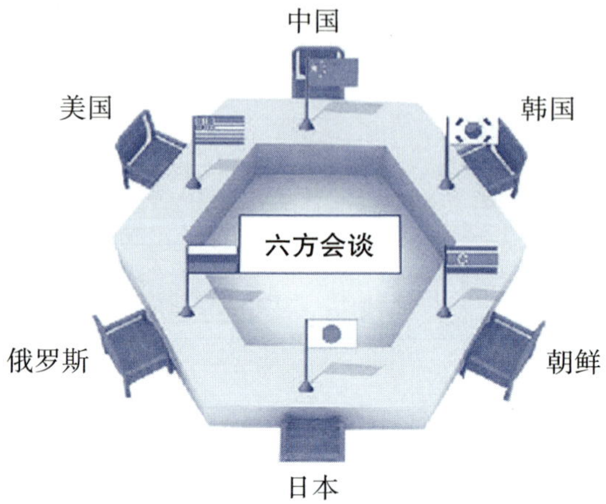

图2-5　朝核六方会谈会场布局示意图

5. 论坛式布局。要设计嘉宾座位和发言席的位置，参会人员较多时，最好能使用阶梯会场，以便嘉宾与参会者之间的眼神和肢体语言交流。

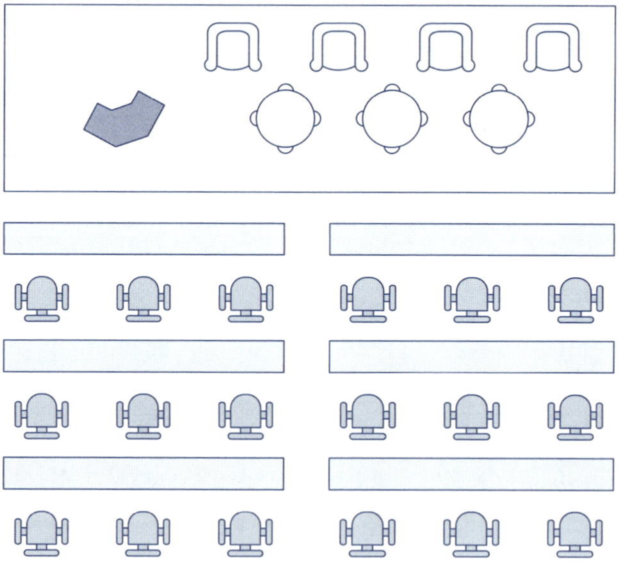

图2-6　论坛式会场布局示意图

6. 宴会式布局。适于联谊会、茶话会、团拜会等会议使用，主要是交流感情，祝贺佳节。会场环境相对较为宽松。

图2-7　宴会式会场布局示意图

三、会场座次

在安排会场座次时，要特别处理好以下几种情况与座次尊卑的关系。

一是座次先后与房间门的关系，一般离会场入口处远、面对房间门的一侧为尊，反之为卑，即背对房间门的一侧为卑；

二是座位左与右的关系，以坐者本人的左手一侧为尊；

三是会议与就餐座次的区别，会议座次以左为尊，就餐座次以右为尊；

四是国内与国际会议座次的区别，国内会议以左为尊，国际会议以右为尊。

几种基本座次：

1.大会主席台座次

主席台就座，居中居左为尊（面向观众），此后座次按一左一右顺序排列。大型会议设主席团，有多排座位，前排为尊，每排居中居左为尊。

主席台座次规则（单数或双数座位均适用）：

①中间优于两边；

②双数座位，先将1号、2号领导居中安排；

③单数座位，先将1号领导居中安排；

④请2号坐在1号领导左手侧（左膀右臂原则）；

⑤其他领导交替坐在1号和2号领导两侧。

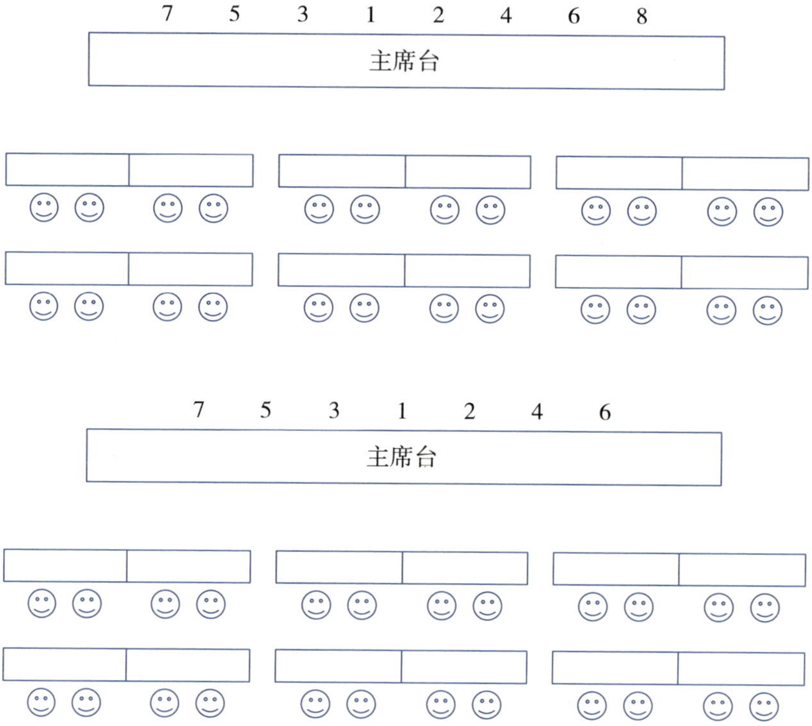

图2-8　主席台座次示意图（单排）

主席团座次规则（单数或双数座位均适用）：

①前排优于后排，中间优于两侧；

②双数座位，先将1号、2号领导前排居中安排；

③单数座位，先将1号领导前排居中安排；

④2号坐在1号领导左手侧（左膀右臂原则）；

⑤其他领导交替坐在1号、2号领导两侧；

⑥前排坐满后，再安排后排座次，规则同第一排。

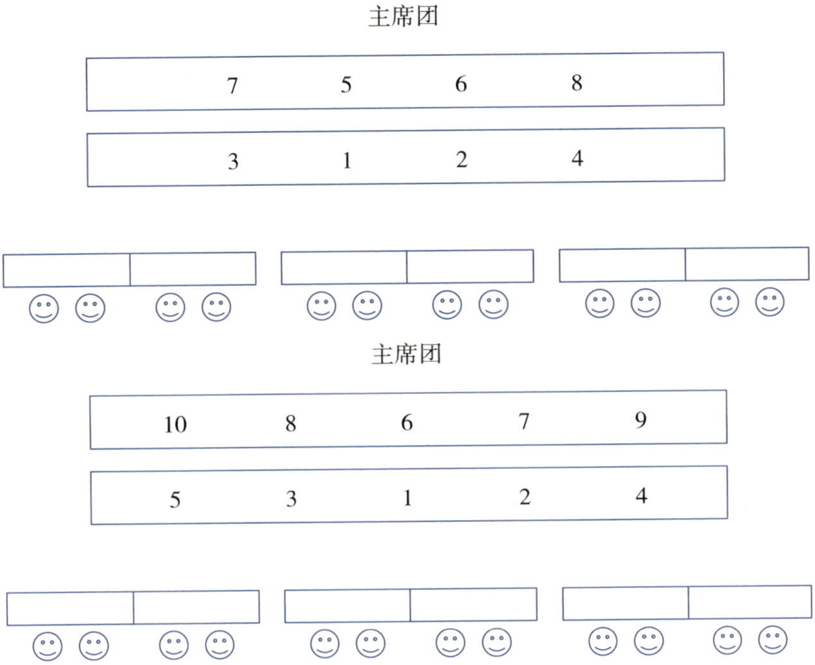

图2-9　主席团座次示意图（多排）

2. 小型研讨室座次

研讨室主要用于小型研讨会、座谈会、调研会、接待会等。会议桌和布局常见的有长方形、椭圆形、圆形等。这种布局要重点考虑门的位置，以及长方形布局中坐人的边数，还要注意来宾是否同在一个系统。若为一个系统，可按内部会议排座次；若为不同系统，则主方坐进门左手侧或背对门一侧，客方坐进门右手侧或面向门一侧。

若宽边对门，椭圆形座次示意如图2-10所示，长方形座次同样。

接待会议座次（椭圆形桌、长方形桌）：

①在会议室接待外单位来访，进门右手侧或正对门一侧为尊位；

②主方（接待方）安排在进门左手侧或背对门一侧就座；

③客方（来访单位，含上级领导）安排在进门右手侧或面对门一侧就座；

④各方其他人员同侧交替落座，规则同主席台座次。

（两种会议桌型，同一座次规则）

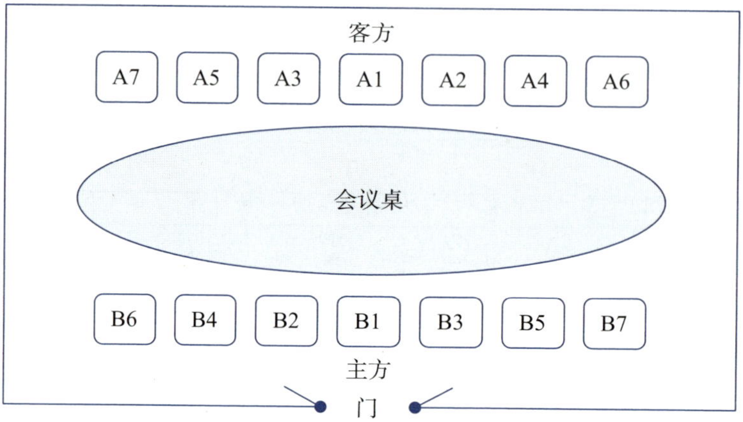

图2-10　椭圆形桌宽边对门座次示意图

如图2-10所示，与上级单位座谈时，A为上级单位或来访单位，B为接待方。接待方应比客方人员提前到会场，引导客方入座，以免客方随意就座，或因谦让坐在了进门左手或背门一侧。

若窄边对门，长方形座次示意如图2-11所示。

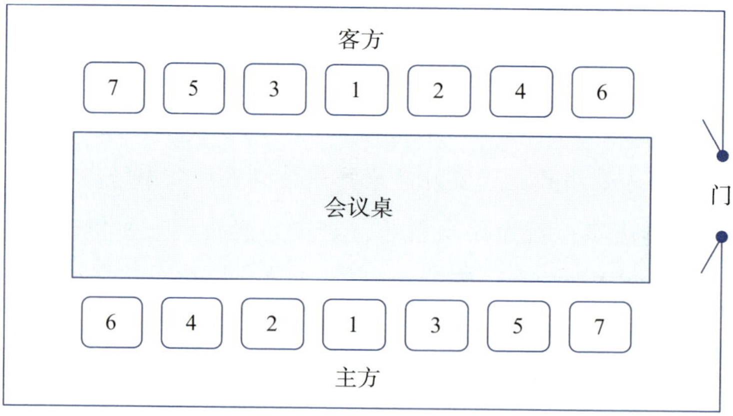

图2-11　长方形桌窄边对门座次示意图

长方形桌四边坐人的座次示意如图2-12所示，为单位内部会议。

内部会议座次（长方形桌、圆形桌）：

①召开内部会议，正对门居中位置为尊位，安排1号领导；

②若正对门一侧座位为双数，排序同主席台双数座次规则；

③其他人员座次同主席台座次规则。

（两种会议桌型，同一座次规则）

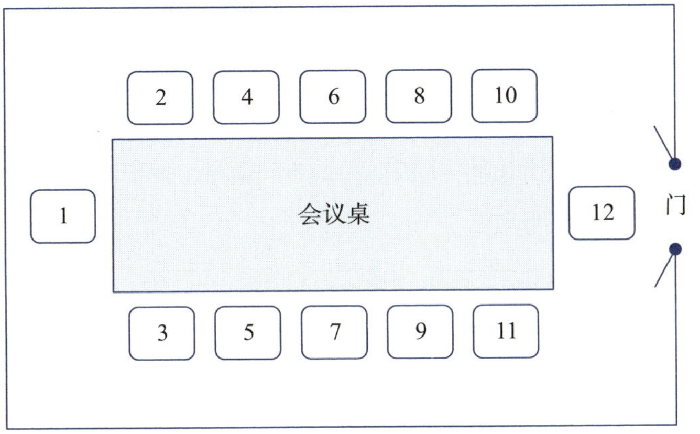

图2-12　长方形桌四边坐人座次示意图

圆形桌座次示意如图2-13所示，为单位内部会议。

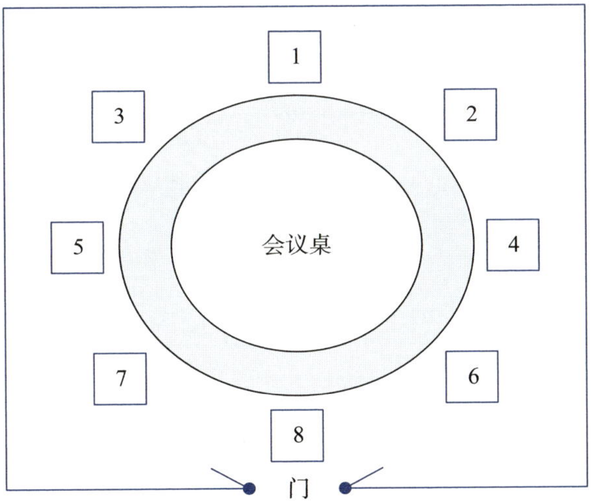

图2-13　圆形桌座次示意图[①]

若按研讨式布局召开外事会议，会场的座次有些特殊的安排，需要考虑翻译的座位。

① 要和圆桌就餐的座次排序区别开，就餐时以右为尊，开会的座次以左为尊。

外事座谈会座次：

①与外宾在会议室座谈，正对门一侧为尊位；

②安排来访外宾（外方）正对门一侧就座；

③安排接待方（中方）背对门一侧就座；

④1号外宾和接待方1号领导相对而坐；

⑤中方翻译人员在接待方1号领导右手侧就座，外方翻译在1号外宾左手侧就座，双方翻译相对而坐；

⑥其他参会人员座位按主席台座次规则安排，中方人员按“左膀右臂”原则安排，外方人员依照国际礼仪，按“右膀左臂”原则安排；

⑦从整体座次上看，外事座谈会的中外方人员采取的是一对一的座位安排方法。（即1号对1号，2号对2号，翻译对翻译等）

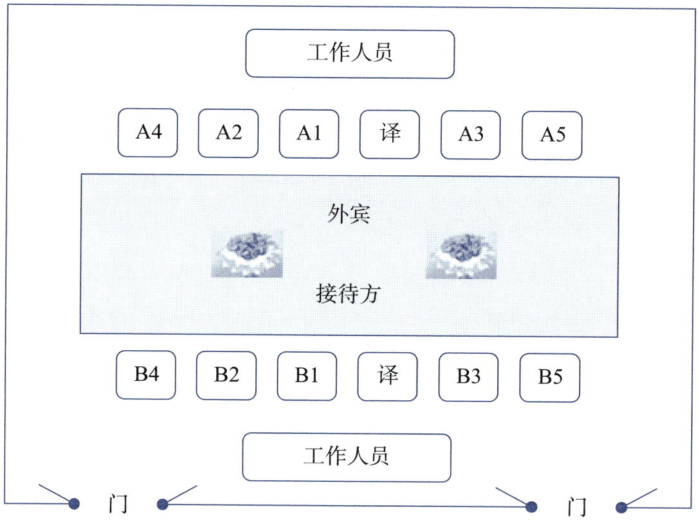

图2-14　外事座谈会座次示意图

3.来访接待座次

接待室主要是接待上级领导、重要单位或外宾来访时使用。室内布局多为圆弧形或“U”形，布置有沙发、茶几等。主客各坐一边，以进门右手侧为尊。

接待上级领导座次：

①接待室无会议桌，进门右手侧为尊位，正对门靠中间座位为尊位；

②安排上级领导进门右手侧就座，接待方进门左手侧就座；

③双方其他人员按职务高低，自中间向两边依次就座。

图2-15中，若接待本系统以外的其他单位，A区坐接待方，B区坐来访单位，座次顺序不变。

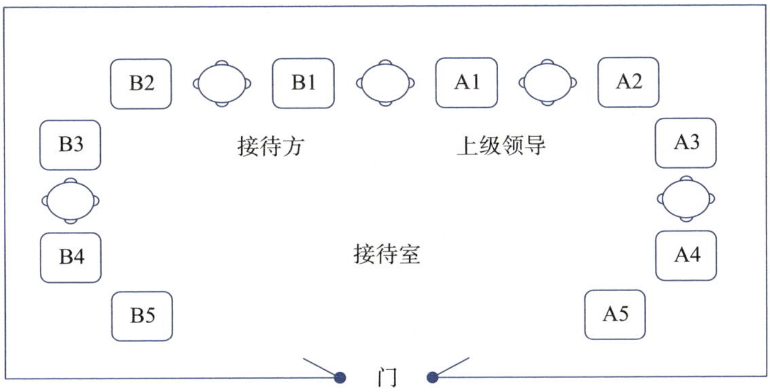

图2-15　接待上级领导座次示意图

接待外单位来访座次：

①接待室无会议桌，进门右手侧为尊位；

②安排来访单位进门左手侧就座，接待方进门右手侧就座；

③双方其他人员按职务高低，自中间向两边依次就座。

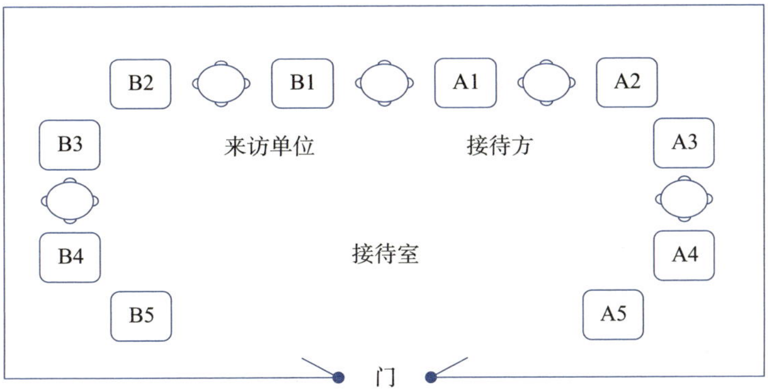

图2-16　接待外单位来访座次示意图

若为外事接待活动，接待室内布局与接待系统外的来访单位布局相同，只是需要在双方领导后设置翻译席。

外事接待座次：

①接待室无会议桌，按中方（接待方）礼仪，进门右手侧为尊位，按国际礼仪，进门左手侧为尊位；

②安排外宾进门左手侧就座，中方（接待方）进门右手侧就座；

③双方其他人员按职务高低，自中间向两边依次就座；

④双方翻译在各自1号领导身后的专门翻译位就座。

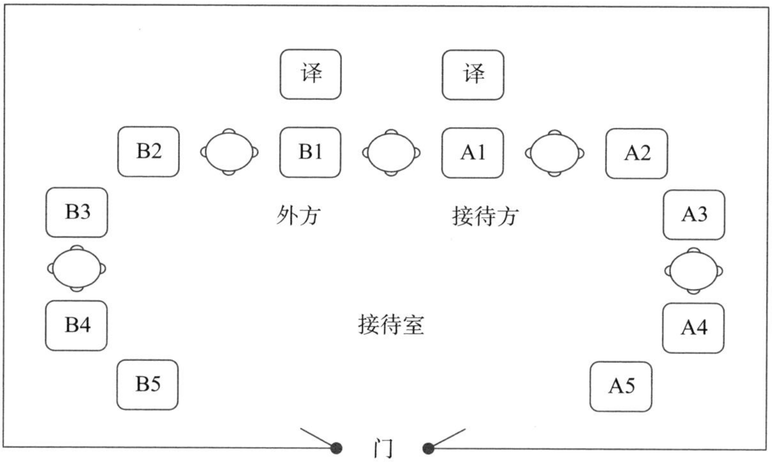

图2-17　外事接待座次示意图[①]

4.签字仪式、合影的布局座次

签字仪式座次：

①会议室进门右手侧为尊位，主客双方签字人正对门而坐；

②主方随行人员进门右手侧就座，客方随行人员进门左手侧就座；

③在各自一侧，随行人员自前排至后排，按由中间向两侧顺序就座。

① 图中“译”为翻译人员位置，如果只设一位翻译，则位置设在中外主宾后侧中间。

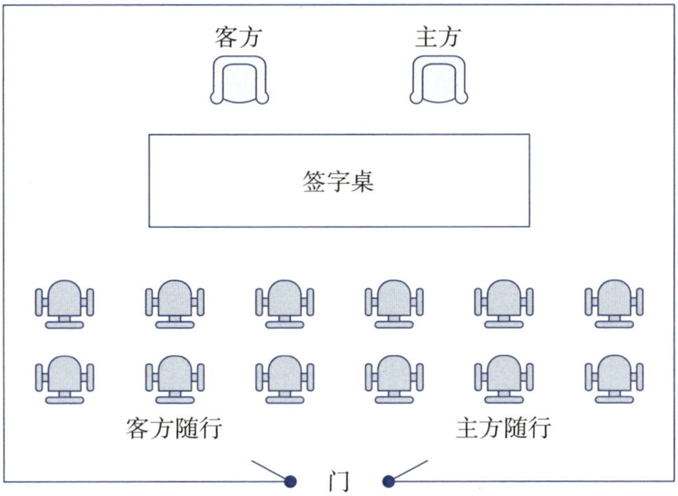

图2-18　签字仪式座次示意图一

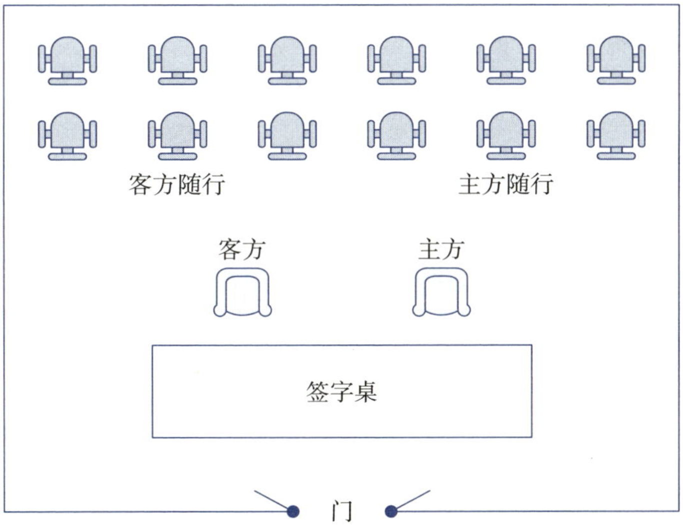

图2-19　签字仪式座次示意图二

合影座次：

同主席团座次排序规则。

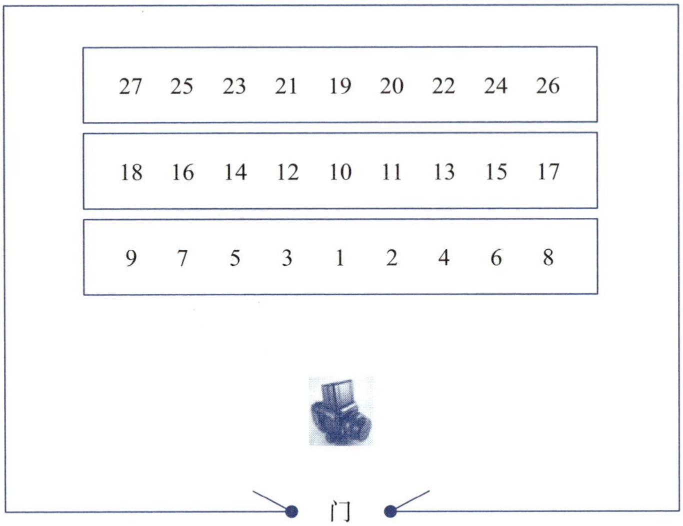

图2-20　合影座次示意图

四、会场物品布置

除了会场布局和座次安排之外，会场还有大量的设备和物品需要布置，主要有会标、会徽、旗帜、背景板、桌签、代表证、引导牌、座次图、摄像机、照相机、录音笔、投影仪、电脑、翻页器、音响、同传设备、纸笔、绿植、鲜花、茶水、湿巾等。以下特别提示几点。

关于会场旗帜

重要的会议，特别是中国共产党各级代表大会、各级人民代表大会、政协会议需悬挂党旗、国旗或者红旗。此外，特定组织的会议、外事会议也要悬挂相关的国旗或会旗。如在双边外事活动中，挂两国国旗，以旗本身正面为准，右为上，右挂外国国旗，左挂本国国旗。国旗如需竖挂，须特别定制，将图案和文字转正。

关于会场桌签

包括主席台桌签、会议代表桌签、工作人员桌签、发言席、主持人桌签等，一般多使用红色或粉红色，党代会、人代会等重要会议的桌签上须印制党徽、国徽等徽章标示。根据会议需要可印制多套桌签，以便同时布置多个会场，也备应急使用。办会人员可随身备好桌签同色纸张和桌签版式，以便临时制作桌签时使用。单位内部小型会议从环保节约的角度考虑，应尽量不使用桌签。电子桌签的使用也可以很好地节约成本和减少污染。

关于电子设备

要明确电源位置，确保电量和内存充足。设备性能要提前检测，操作人员要提前熟悉设备使用，会议开始前要反复调试和试用，确保会议进行中运转良好。其中，经常困扰的问题有：笔记本电脑一启动就进入长时间系统升级，笔记本电脑是否可读取光盘或备有移动光驱，话筒啸鸣或接触不良，会场座位布局时遗漏了摄像机机位，音响声音过大过小时因为调音设备复杂无从下手，有时领取同传接收机需要身份证却提前未通知，等等。

按照中央八项规定的要求，除了重要会议和外事会议之外，原则上会场一般不设置大型背板，不悬挂会标横幅，不摆放绿植和鲜花，不印制精装彩色会议材料，应坚持厉行节约，从简办会。

做足会前检查

会前检查是会议组织准备的重要环节，重点是排查安全隐患，改进准备工作，防患于未然。检查要坚持实地检查、突出重点、细致全面的原则。

一、检查会场布置

主要检查会场设备物品到位、主席台布置、会议资料准备、签到引导流程、环境干扰排查等情况。

其中，主席台检查的要点包括桌椅配置、桌面物品摆放、座次顺序安排、麦克音响调试等。检查主席台一定要细，椅子要试着坐一坐，看看稳不稳，高低是否合适；话筒一定要试着讲几句话，反复多次测试，不能简单喂喂两声，这样才能准确测试话筒的稳定性、轰鸣感和音量大小；会前要及时告知领导话筒如何开关、调音量和静音。

会场设备物品检查要点应包括：

- 座位布局排序是否合理；
- 桌椅和桌签是否稳固，摆放是否整齐；
- 工作人员席、旁听席、记者席区域等安排是否合理；
- 发言、领奖、宣誓等相关人员座位进出是否方便；
- 笔记本电脑和投影仪是否可正常使用；
- 录音笔、照相机、摄像机的电量和内存是否充足；
- 茶水和水杯是否够用，会议开始前是否倒上了茶水；
- 需要会前发放的资料是否到位，发放时间和人员是否确认；
- 会场光线是否过亮或过暗，音响是否过强或过弱；
- 会场座次图和引导牌文字是否准确，摆放位置是否醒目；等等。

二、确认会议活动

会前要着重检查各项会议活动的程序是否流畅、资料是否到位、重要嘉宾是否确认、时间衔接是否合理。工作要求是：开闭幕式、颁奖仪式、宣誓仪式和选举程序等重要议程、程序最好都能模拟演练，以优化流程；主持词和领导讲话等重要文稿的文字必须多人反复校对，按照标准语速测算发言时间，生僻字要做好拼音标注，讲稿字号根据领导的年龄大小，可选用三号或小二号字体；参会的领导和嘉宾要逐一确认，参会人员规模尽量精确，以确保各项会议活动顺利进行。

三、落实会议接待

要落实会议接待，满足开会的需要，包括房间设施、食宿安排、特殊用餐、停车安排等。具体讲，房间设施要重点检查卫生条件、热水供应、空调运转、水电安全、电视和网络信号等；住宿安排要重点复核总体数量，是否存在男女混住、标准超标、房间浪费等情况；用餐安排要重点复核总体规模、检查厨房卫生条件、食品采购渠道、饭菜种类，是否有少数民族和外宾特殊用餐需求等；停车安排包括核实车证印制发放、停车位安排、司机食宿安排等。

四、排查安全隐患

会议的安全保卫是确保会议顺利召开的重要工作。安保人员要确保到位，布局合理；消防设施要确保好用、会用、够用；安全通道要标识清楚，提前熟悉线路；要科学制定各类安全事件应急预案；逐一排查会场各点用水用电安全；参会人员进出会场要严格管理，加强对携带物品的安全检查。

叁

场景三 会中要把控哪些方面

精确把控会议时间

精细执行会议程序

精准掌握会议礼仪

依规安排会议住宿

合理安排会议餐饮

科学安排会议交通

确保会议及人员安全

参加和管理会议主要包括组织报到签到、发放会议文件、引导人员入场、安排会议开幕、主持会议、安排会议讨论、处理突发事件、做好会场服务、精准掌握会议礼仪等方面内容。

精确把控会议时间

一、组织报到签到

会议报到签到可以分会议报到和会场签到两个部分。会期较短的会议一般报到和签到合并在一起，会期较长的会议则需要参会代表在到达会议地点时报到，每天进入会场开会时签到。

（一）会议报到流程。会议报到流程主要包括以下四个环节：

一是确认参会资格。核实是否持有会议通知、邀请函或介绍信，是否在会议报名登记名单之中，是否为本人参会，若派代表参会，需了解本人请假事由和代表基本情况。

链接：会议代表基本信息有错怎么办？

由于会议筹备工作繁杂，时间短，报名登记时，难免出现参会人员信息错误的情况。报到和签到时发现信息错误，如姓名错字漏字、性别或民族登错、工作单位及职务职称写错等。第一，要向参会人员表示诚挚歉意；第二，要尽快更正桌签、座次图、代表证、选票、代表名单等相关会议材料；第三，尽快调整住宿安排，避免男女同室；第四，为回族、维吾尔族等有特殊饮食习惯的少数民族代表妥善安排就餐。

二是登记基本信息。可现场填写信息，或与报名回执信息核对。主要信息包括：姓名、性别、年龄、民族、政治面貌、工作单位、职务职称、办公电话、手机号码、电子邮箱。此外，可根据需要登记工作年限、学历学位、研究领域、社会兼职、收入情况、通信地址等信息。

全国交通工作会议代表信息登记表

序号	姓名	性别	年龄	民族	政治面貌	工作单位	职务职称	办公电话	手机号码	电子邮箱
1										
2										
3										
4										
5										
6										

三是缴纳参会费用。主要是食宿费和会议费。各级党政机关组织召开的会议不得收取会议费和食宿费。

四是领取会议材料。主要是学习用品（文件包、笔记本、签字笔）、会议手册（包括关于会议日程、代表名单、作息时间等方面的信息）、会议文件资料、座次图、代表证、餐券等。领取保密文件须签名登记，妥善保管，及时归还。

（二）会场签到管理。会场签到的目的，一是统计到会人数，以便安排选举、表决等程序，确认会议效力；二是确保重要人员到会，如领导、嘉宾、发言人、领奖人等；三是作为申请经费和财务报销的原始凭证；四是作为调整会议食宿等接待安排的依据。

会场签到前，办会人员要提前布置好签到桌椅，准备好签到牌、签到表、水笔、会议代表名单、报到须知、水牌等物品，签到表要准备多套，水笔要足量，以备会前5—10分钟会议代表集中到达。签到过程中，要严把会议入口，查验代表证卡，以防非会议代表混入会场。签到结束后，尽快统计人数，报告会议主办方和主持人。大型会议签到可预先发放入场券，通过剧场式检票统计到会人数，避免人员聚集、场面混乱影响安全。

（三）报到签到注意事项。这里总结了10条报到和签到中需要注意的事项，供参考。

1.报到登记表和签到表中，参会人员排序依据要科学，单位和职务信息要准确，应使用全称或规范化简称；

2.报到时先登记基本信息和收费，后发资料，以免资料错发；

3.报到时财务人员要根据会议人数配备，规模较大的会议至少配备两组财务人员收费和开票，忙时可分流，闲时可交替；

4.报到时注意做好领导、贵宾和特殊代表的引导，以示尊重；

5.报到时逐一提示参会人员查阅会议日程、作息安排等；

6.会场签到流程要简洁，安排足够的服务人员引导人员入场；

7.会场签到发现重要代表未能及时到会，应尽快通知主持人；

8.会议开始后，会场签到仍在继续的，要注意保持安静；

9.参会代表填写基本信息和签名要字迹清晰，准确无漏项；

10.应当禁止代他人填写信息和签名，严格签到管理。

二、发放会议文件

会议文件是参会者了解会议内容和作息安排、参加会议讨论，以及会后传达会议精神的重要依据，主办者应注意特别加强对保密文件的发放与管理。

（一）发放文件种类。需在会前和会议过程中发放的会议文件。主要有两类：一类是参会须知类，包括议程日程、代表名单、会议手册、座次图等；另一类是会议文稿类，包括工作报告、重要讲话、文件讨论稿、经验交流材料等。

（二）文件发放形式。发放文件的形式主要根据文件形成的时间和保密要求来确定。领取非保密文件时无须签字，会议结束后无须清退；领取保密文件时需要签字登记，会议结束后必须逐一清退，统一处理或销毁。

会前及会中会议文件的发放形式

	保密文件	非保密文件
会前形成	1.凭代表证，签字领取； 2.办会人员逐一发放并签字； 如需保密的经验交流材料。	1.会议报到时，登记领取； 2.会场签到时，登记领取； 3.办会人员会前置于座位上； 如会议手册、日程议程。
会中形成	1.凭代表证，签字领取； 2.办会人员逐一发放并签字； 如需保密的讨论稿、讲话稿。	1.凭代表证，会间登记领取； 2.办会人员会间置于座位上； 如通讯录。

（三）发放注意事项。

- 会前存放文件的地点要确保安全，注意防盗、防火、防潮；
- 发放文件时要认真查验代表资格，领取文件签字要清晰；
- 遇有破损和缺页的文件，要妥善收回和处理；
- 妥善保管文件发放登记和签收表，以备后查；
- 选派认真负责、工作细致的人员负责文件发放和保管；
- 文件资料的发放要严格发放范围，遵守保密要求；
- 会前要加强对参会人员和办会人员的保密教育；
- 带密级文件的发放和保管要安排符合保密要求的工作人员。

链接：参加会议与保守国家秘密

举办会议或者其他活动涉及国家秘密的，主办单位应当采取保密措施，并对参加人员进行保密教育，提出具体保密要求。

国家秘密载体的制作、收发、传递、使用、复制、保存、维修和销毁，应当符合国家保密规定。

国家工作人员或者其他公民发现国家秘密已经泄露或者可能泄露时，应当立即采取补救措施并及时报告有关机关、单位。机关、单位接到报告后，应当立即作出处理，并及时向保密行政管理部门报告。

（来源：《中华人民共和国保守国家秘密法》）

三、引导人员入场

及时和热情地引导参会人员入场，是确保会议按时召开的重要前提，也是展示办会服务水平的重要舞台。

（一）引导入场的情形。

一是参会人员不太熟悉会场。因为初到一个陌生环境，一般都不太了解电梯、会议室的位置，缺少方向感，需要引导。

二是会议规模大，座位不好找。会场面积大，座位多，桌签相对较小，对会场座次安排规则不熟，会场人员进出频繁，干扰视线，找不到座位，也需要引导。

三是领导、嘉宾和特殊代表到会。年迈、伤病和残疾人员到会时要安排专门的引导人员，提前熟悉无障碍设施的行走线路；领导和嘉宾到会时，引导和陪同人员一般应为会议主办单位的职务或职级相当的领导，以示尊重。

还有一种情形是，为了避免迟到的参会人员入场时干扰会议进程，需要引导人员提醒他们步轻语细，引导其从会场后区门进入，带到指定座位，或在后排就近入座，尽量不影响会议进程。

（二）引导人员的要求。

引导人员的形象、态度、能力和经验直接影响到能否顺利引导参会人员入场，以及对会议服务质量的评价，其要点是：

- 统一着装，保持微笑，服务细致，言行礼貌；
- 具备良好的身体状况、精神状态和必要的体力；
- 具备相应的特殊能力，如外语、哑语等；
- 陪同参会人员乘坐电梯和通过走廊时注意礼仪规范；
- 注意电梯门、湿滑地面、楼梯台阶等处的安全隐患；
- 提前熟悉会议地点环境、会场布局和座次安排；
- 提前掌握领导和嘉宾的计划到会时间；
- 会议期间引导人员要全程待命，引导参会人员进出会场；

- 合理配置，在大厅、电梯口和会议室门口处安排好引导人员和引导牌。

链接：不当参会的“七宗罪”

1. 不准时抵达并按照指定座位或区域就座；
2. 正式会议开始后频繁进出会场；
3. 不遵循女士优先原则；
4. 在会场内外大声喧哗，大声接听电话；
5. 坐姿不端正；
6. 着装不合时宜；
7. 不懂保持距离。

精细执行会议程序

一、安排会议开幕

开幕式是会议的第一个正式环节，也是最受关注的环节之一。办会人员应当熟悉开幕式的一般程序，选择合适的会议开幕时间，认真做好开幕式的程序设计和会场布置。

（一）开幕式程序。一般包括：欢迎领导及嘉宾入场；主持人介绍与会领导和嘉宾，宣布开幕式议程；与会领导致辞，嘉宾演讲，宣读贺信；宣布会议正式开幕等。根据不同类型会议的需要，还可选择设置奏唱国歌、文体表演、燃放烟火、剪彩、揭幕等环节。

中小型会议和单位内部会议一般不安排专门的开幕式，由主办单位领导和上级单位代表分别致欢迎词即可。

（二）开幕式时间。开幕式一般选择在会议正式开始的第一天上午，时间不宜过早，以便当天到会的代表有足够的时间签到和入场。开幕式时间也可安排在下午或者头天晚上。如2020年全国政协十三届三次会议于5月21日下午3时在北京人民大会堂开幕；而第十三届全国人民代表大会第三次会议，则于5月22日上午9时在人民大会堂开幕。一些国际性会议会选择晚上开幕，配以晚宴的形式。会议具体什么时间开幕，一般由会议主办者或东道国来确定。

链接：2023年全国政协十四届一次会议开幕式程序

1.报告会议应出席人数、实到人数，是否符合规定人数；
2.宣布政协第十四届全国委员会第一次会议开幕；
3.全体起立，唱国歌；
4.政协第十三届全国委员会常务委员会作工作报告；
5.政协第十三届全国委员会常务委员会作提案工作情况的报告；
6.宣布开幕式会议议程进行完毕，休会。

（三）安排开幕式的注意事项。开幕式程序设计、会场布置、安全保卫等工作都大意不得，任何一个细节的疏忽都有可能影响参会人员对办会的整体评价，需要把握的要领有：

- 排练开幕式流程，包括前后衔接、时间把控、背景音乐等；
- 为主席台嘉宾准备开幕式议程、发言稿和纸笔，并置于桌面；
- 规范主席台桌签的制作和座次摆放，符合礼仪要求；
- 反复检查主席台座椅、话筒和茶水安排，试坐、试用和试品；
- 请致辞的领导、嘉宾以及主持人提前熟悉发言内容；
- 提前确认主席台就座领导和嘉宾的到会时间；
- 领导和嘉宾中如有年迈者和伤残人士，要安排专人陪同；

- 外事会议开幕式，要提前一天告知中方出席领导着装要求；
- 加强开幕式期间的会场安保，做好应急预案。

链接："东道主"的由来

春秋时晋秦合兵围郑，郑文公使烛之武说秦穆公，曰："若舍郑以为东道主，行李之往来，共其乏困，君亦无所害。"（春秋·鲁·左丘明《左传·僖公三十年》）郑国在秦国东面，接待秦国出使东方的使节，故称"东道主"。

后"东道主"泛指接待或宴客的主人。现在"东道主"一词运用广泛，赛事的主办国或城市也称为东道主；举办各种会议，主办方也被称作东道主。

二、主持会议

主持会议就是对会议过程的引导和控制，主持人的主要任务是引导会议进程，维持会场秩序，促成会议决定等。

（一）主持的内容。

主持工作的环节包括：开幕式、闭幕式、讲话发言（领导讲话、嘉宾致辞、代表发言等）、会议讨论、各种仪式（如剪彩、颁奖、表决、宣誓、合影等）。

开幕式主持内容：宣布会议正式开幕，向与会人员表示欢迎，介绍与会领导和嘉宾，报告参会人员的类型和人数等情况，介绍会议的背景、目的、任务和议程等情况，强调会议纪律，提醒参会须知事项。有选择地介绍主办国家、城市、单位和会议筹备情况等。

闭幕式主持内容：总结会议取得的主要成果，强调领导讲话的重要精神，对会后学习讲话精神和贯彻落实会议决定提出要求，向与会人员表示感谢和欢送，向参与会议筹办工作的相关单位和人员表示感谢，宣布会议顺利闭幕。

讲话发言主持内容：发言前，介绍发言人姓名、工作单位、职务职称和其他主要背景资料，介绍发言主题，请大家掌声欢迎发言人发言；发言中，引导参会人员适时提问，并向提问者表示感谢；发言结束后，向发言人表示感谢，简要总结发言要点。

会议讨论主持内容：主要是介绍讨论议题，说明讨论顺序和规则，引导讨论进程，总结讨论观点和成果，向发言人表示感谢。

重要仪式主持内容：主要是说明仪式程序和注意事项，介绍出席仪式的领导和嘉宾，主持仪式过程，祝贺仪式取得成功，祝贺受表彰的人员和通过的表决等，对参加仪式的人员表示感谢。

链接：在市“十四五”规划编制工作会议上的主持词

各位领导，同志们：

现在开会。这次会议，是经市委研究同意召开的。会议的主要任务是传达贯彻国家和省“十四五”规划编制工作会议精神，安排部署我市“十二四”规划编制工作以及复工复产新增投资项目推进工作。

参加今天会议的有：市委常委、常务副市长王大同、市政府副秘书长张强，各县市区常务副县市区长、发改局局长，高新区负责人，市直有关部门主要负责人以及部分大中型企业负责人等。

今天会议有两项议程：一是请市发改委主任刘一刀同志传达国家和省“十四五”规划编制工作会议精神；二是请市委常委、常务副市长王大同同志讲话。

下面，进行会议的第一项议程：请市发改委主任刘一刀同志传达国家和省“十四五”规划编制工作会议精神。

……

接下来，进行会议的第二项议程：请市委常委、常务副市长王大同同志讲话，大家欢迎。

……

刚才，市发改委主任刘一刀同志传达了国家和省“十四五”规划编制工作会议精神，市委常委、常务副市长王大同同志就如何做好我市“十四五”规划编制和复工复产新增投资项目推进工作作了重要讲话，提出了明确要求，希望各级各有关部门认真领会，抓好落实。下面，就贯彻落实好这次会议精神，我再强调四点：

一是传达好会议精神。各县市区和各部门与会同志回去后要向一把手做好汇报，尽快召开专题会议进行研究部署，并结合本地区本部门实际，制定切实可行的工作方案。

二是要强化时间观念。按照国家和省里的要求，11月底要完成规划前期研究，12月底要完成规划基本思路的确定。时间紧，任务重。大家一定要强化时间观念，倒排工期，抓紧启动和开展相关工作，保证我市“十四五”规划编制按进度完成。

三是要强化大局意识。编制“十四五”规划，是对我市今后一个时期经济社会的发展目标和任务的再认识、再定位。规划编制工作是一项系统工程，是全市的一件大事，不是发改委或哪一个部门的事情。各级各部门一定要站在全市发展大局的角度，予以高度重视，将“十四五”规划编制工作列入重要议事日程，切实增强责任感和紧迫感，以战略思维、国际化眼光和前瞻思考，抓紧启动各项工作，确保高标准、高质量完成规划编制任务。

四是要扎实推进复工复产新增投资项目。国家、省对今年以来受新冠疫情影响复工复产新增投资项目实施情况高度重视，这次国务院督查组专门派人到我市来检查，各部门务必要高度重视，加快工作进度，加大工作力度，确保“三个100%”目标如期实现，确保顺利通过这次检查。

会议到此结束。谢谢大家！

【范文点评】该主持词分为四大部分：一是介绍了这次会议的主题和任务；二是介绍了参会领导、嘉宾和组成人员；三是介绍了会议的主要议程，并按照议程的要求，引导了会议议程的顺序进行；四是对贯彻落实好会议精神提出了工作要求。该主持词结构清晰、篇幅短小、语言简洁、逻辑清楚，达到了介绍情况、引导议程、提出要求、凝聚共识、鼓舞士气的工作目标。

（二）主持的技巧。

会前要认真准备、事无巨细，如：

- 提前熟悉会议议程、领导讲话稿、代表发言稿、主持词；
- 抓住对重点环节和重点人物的主持内容，反复琢磨；
- 积极参与会议筹备，熟悉会议筹备的每个环节；
- 对主持中可能发生的各种突发情况，做好预案；
- 储备一些与会议主题相关的专业知识和新闻信息；
- 根据会议类型，做到着装仪表得体，语言行为得当。

会中要积极引导、灵活应变，如：

- 始终保持积极乐观和处变不惊的心态；
- 保持幽默感，以便更好地应对会议讨论时冷场和言辞冲突；
- 对麻烦人物尽量正面引导和处理，但要有底线；
- 时刻洞察会场存在的各种隐患和情绪；
- 尊重并认真记录每个人的发言，适当点评和总结；
- 灵活把握会议休息和结束时间，以利于提升会议效率。

（三）选择主持人。

主持人可由会议主办方指定，或由会议选举产生。指定的主持人一般为会议主办方的最高领导，如上海合作组织青岛峰会于2018年6月10日在青岛国际会议中心举行，中国国家主席习近平主持会议并发表重要讲话。如主办方最高领导要在会议上讲话或致辞，可以安排主办方职位略低的领导主持会议。学术性较强的论坛或研讨会，主办方也可指定一位特邀嘉宾主持。

三、安排会议讨论

会议讨论是参会人员交流参会收获，领会会议精神，研究工作问题，达成意见共识的重要途径。好的会议讨论安排能大幅度提升会议的质量和效果。

（一）会议讨论类型。按照讨论参与者之间的上下级关系，可将会议讨论分为三类：一是参与者有上下级隶属关系，讨论目的主要是传达和领会精神、布置任务、汇报工作、征求意见等；二是参与者有平行合作关系，讨论目的主要是交流感情、合作谈判、协商工作、处理争议等；三是参与者有平行咨询关系，讨论目的主要是研讨交流、咨询论证、评估评审等。

（二）会议讨论分组。讨论分组的关键是把握好分组的规模和标准。分组的规模不宜过大或过小，要根据会议代表总人数、讨论数量以及提升讨论效率等方面的要求分组，一般建议为8—12人一组为宜，一组尽量不超过20人。

半天3小时的讨论会，除去开场、休息和总结的时间，留给代表讨论发言的时间一般不超过150分钟，8—12人的讨论规模，可以确保每个人有10—15分钟的发言时间。

链接：三星的高效会议文化（一）

凡是会议，必有准备。永远不开没有准备的会议，会议最大的成本是时间成本，没有准备的会议就等于一场集体谋杀。

凡是会议，必有主题。会议准备的前3页PPT，必须显示会议主题。没有主题和流程的会议，就好比让大家来喝茶聊天，浪费大家的生命。

凡是会议，必有纪律。开会设一名纪律检查官（一般由主持人担任），在会议前先宣布会议纪律。对于迟到要处罚，对于会议上不按流程进行的要提醒，对于发言带情绪者要提醒，对于开小会私下讨论的行为要提醒和处罚，对于在会上发恶劣脾气和攻击他人的行为要处罚。

有专家认为，7—15人的会议非常适于问题讨论和决策。会议人数太多、会场情况过于复杂，与会人员的责任心会降低，难以保证每个人都有充足的发言机会。

讨论分组的标准可以依据法定规则，或者参会代表的界别、行业、地域等确定。此外，也可以有意将不同界别、行业或地域的代表混合编组，以便广泛交流和听取不同意见和建议。

（三）讨论组织方法。组织好讨论关键在于选好召集人，确定讨论方法和发言顺序，确保每个参会者都有平等的发言机会。

一是选好召集人。每个讨论组可指定一名召集人和一名联络人，召集人要有较高的职务或权威，以便有效地引导讨论过程。联络人一般为办会人员，负责召集参会人员，记录讨论过程和对外信息联络。

二是确定讨论程序。一般可分为三个阶段：第一阶段与会代表逐一发表意见；第二阶段与会代表自由讨论，限定总的交流时间；第三阶段请参会领导做讨论小结。讨论程序和时间分配要在讨论开始前向与会代表讲清楚。

三是关于发言顺序。可以按照参会代表的职务高低确定发言顺序。一般职务低的先发言，以免领导的发言权威制约了一般同志的发言积极性。也可按部门或地域的排序发言，或由召集人随机点名发言。

链接：三星的高效会议文化（二）

凡是会议，必有议程。会议运营人员要在会前将会议议程发放给参会人员。每一项讨论必须控制时间，不能泛泛而谈。

凡是会议，必有结果。会议决议要形成记录，并当场宣读确认。没有确认的结论，可另外再讨论；达成决议并确认的结论，马上进入执行程序。

凡是开会，必有训练。对每个层级的员工都有足够的“会议训练”，包括：如何开会，如何主持，如何记录，如何追踪，如何对待分歧，如何做会场汇报等。

四是关于机会公平。讨论中应保证每个人都有发言机会，都有充足的时间完整表达自己的观点和意见，避免某几个人霸占讨论时间，或者某几个人闷不作声。自由发言阶段中不发言的代表，召集人应主动询问是否发表补充意见，召集人对偏离主题或者言辞激进的发言人要坚决制止。

（四）做好讨论记录。讨论记录应坚持全面准确、原汁原味的原则，记录讨论的全过程，抓住讨论和发言要点，准确记录发言内容，对于口语化的表达，特别是领导的发言，要尽量原汁原味地记录下来。

讨论记录的内容主要包括讨论议题、时间地点、参会人员、召集人、记录人等。按时间顺序记录每个发言人的姓名和发言内容。一些特殊的会议还要与会代表在会议记录上签名，以便对发言观点和内容负责，如董事会、办公会等。

记录中要保持字迹易于辨认，提前熟悉讨论议题和人员情况，备足记录所需的纸笔等文具，还可采用文字和录音同步记录，或采取双记录人等方法，以保证完整和准确地记录讨论过程。讨论结束后，记录人应对讨论记录做必要的整理和誊清，纠正错别字、不规范的简写缩写、文字书写不清、表达啰唆累赘等问题。

链接：三星的高效会议文化（三）

凡是开会，必须守时。设定时间，准时开始、准时结束。对每个议程都有大致的时间限制，如讨论不能得出结论，可暂时搁置，避免影响其他议题。

凡是开会，必有记录。一定要有准确完整的会议记录；如果形成决议，一定要有具体执行人员及完成期限。

凡是散会，必有追踪。会议每项决议都要有跟踪、稽核检查，如有意外，可及时发现适时调整，确保各项会议决议都能完成。

四、处理突发事件

要处理好会议中的突发事件和情况，必须事先成立应急小组，坚持突发事件应对原则，制定应急预案，采取科学和灵活的应对措施。

（一）成立应急小组。应急小组是处理会议突发事件的指挥和执行机构，肩负着制定会议应急预案，巡查应急防范设施，组织突发事件处置，应对媒体舆论宣传等重要职责。应急小组可根据会议的重要性和会议管理的复杂程度，分别设立应急领导小组和应急工作小组，将指挥和执行职责分离。

会议应急小组成员至少应包括以下几类人员：一是会议主办方及承办方牵头负责本次会议的领导；二是会议管理机构的负责人，如会务组负责人、会议秘书处负责人等；三是会议管理机构中各小组的负责人；四是会议所在酒店或会议中心的相关负责人和技术人员；五是卫生、消防、安保等相关单位人员。

链接：安全预防事故工作的8个误区

1.“常在河边走，哪有不湿鞋”，出事故是在所难免的；
2.安全工作是领导、干部的事，与自己关系不大；
3.安全工作是孤立的事，与其他各项工作不相融；
4.“头痛医头，脚痛医脚”，就事论事；
5.只要不出事，其他什么都好说；
6.“眉毛胡子一把抓”，不能突出重点；
7.重赏之下保安全，拿物质买安全；
8.用纯粹的理论灌输来抓安全。

（二）应对基本原则。应对会议突发事件要遵循四个基本原则：一是领导重视，这样各方面才能更加重视，人财物得到保障，危机处置调配资源更为高效。二是防患未然，要加强预警机制和监控，重视相关人员培训和演练，会前全面排查也十分重要。三是科学处置，第一时间按程序启动应急预案，第一时间采取科学紧急措施，第一时间报告上级领导，沟通有关部门争取支援。四是主动沟通，向上级报告要全面准确，与媒体交流要实事求是，同公众讲明情况要情真意切。

（三）制定应急预案。应急预案，是指各级人民政府及其部门、基层组织、企事业单位、社会团体等为依法、迅速、科学、有序应对突发事件，最大限度减少突发事件及其造成的损害而预先制定的工作方案。应急预案编制要依据有关法律、行政法规和制度，紧密结合实际，合理确定内容，切实提高针对性、实用性和可操作性。①

制定会议应急预案至少要包括以下方面内容：预案制定的目的依据、应急管理的机构职责、突发事件的预防措施、应急处理和报告程序、媒体应对和善后安排，应急工作的奖惩制度等。

链接：会议期间碰到电梯意外时怎么办？

1.不要强行开门；

2.通过警铃、对讲系统、移动电话进行求援，如无人回应，则耐心等待营救；

3.与电梯轿厢门或已开启的轿厢门保持一定距离；

4.在救援人员到达现场前不得撬砸电梯轿厢门或攀爬安全窗，不得将身体的任何部位伸出电梯轿厢外；

5.电梯坠落时，可做屈膝动作，以减轻电梯急停对身体所造成的不适或伤害。

① https://www.gov.cn/gongbao/content/2013/content_2528111.htm.

（四）突发事件应对。会议突发事件主要可分为两类，一类是公共性危机，包括各种自然灾害，公共卫生事件、社会安全事件等。公共性危机是在社会运行过程中，由于自然灾害、社会运行机制失灵而引发的，可能危及公共安全和正常秩序的危机事件。

公共性危机是指对一个社会系统的基本价值和行为准则架构产生严重威胁，并且在时间压力和不确定性极高的情况下，必须对其做出关键决策的事件。公共性危机的祸因主要有6种，分别是自然灾害（包括火灾、风暴、地震、洪水）、公共安全突发事故、恶性刑事案件、恐怖事件、疾病传播（即公共卫生问题）、自然环境恶化。

公共性危机的实质是危及公共安全，破坏社会秩序和生存空间，侵犯人身安全和财产安全。社会在一定历史时期内无法根除这6种祸因，难免就会遭遇公共性危机。处理好公共性危机，对于推进中国式现代化，实现中华民族伟大复兴具有极其重要的意义。

链接：突发公共事件分类、分级

《国家突发公共事件总体应急预案》将突发公共事件分为自然灾害、事故灾难、公共卫生事件、社会安全事件四类；按照各类突发公共事件的严重程度、可控性和影响范围等因素，分为特别重大（Ⅰ）、重大（Ⅱ）、较大（Ⅲ）和一般（Ⅳ）四级。我国政府还根据风险分析结果，将可能发生和可以预警的突发公共事件用红色、橙色、黄色和蓝色表示。

另一类是会议事故，如会议期间发生的火灾、食品安全事故、紧急医疗救护、场地调配问题等。这些事故主要是人为因素造成的，需要我们在制定应急预案时，高度重视，积极预防，尽量避免。在发生事故后，要科学处置，尽量减少人员和财产损失，降低事故的负面影响。

会议常见事故预防与应急措施[①]

类型	预防措施	应急措施
食品安全事故	1. 严把餐厅食品采购渠道和品质； 2. 建立会议菜品留存制度； 3. 加强厨师和服务员食品安全教育； 4. 每日检查厨房和餐厅卫生情况； 5. 控制生冷菜品的数量。	1. 发现疑似食物中毒，即刻上报； 2. 陪同就医，症状严重者，尽快联系急救车； 3. 查验食物样本，确定污染源； 4. 注意观察未中毒人员健康状况。
紧急医疗救护	1. 确认会议地点是否有医务室； 2. 安排专业医务人员跟会； 3. 提前准备常用和普通急救药品； 4. 掌握会议酒店附近的医院路线。	1. 出现疑似传染性疾病，即刻上报，迅速就医，对相关场所进行消毒，对密切接触的人员进行隔离； 2. 出现急救病情，做好第一时间应急抢救，尽快联系急救车，并陪同就医。
场地调配问题	1. 及早预订会议场地、客房和餐厅； 2. 根据会议报名情况及时调整预订； 3. 预订时要根据计划人数打出富余； 4. 提前做好备选会议地点计划。	1. 会场、客房和餐厅不能满足使用，即刻联系销售经理，协调场地和房间； 2. 食宿分流，将工作人员或部分会议代表安排至会场附近的备用酒店食宿； 3. 设置分会场，将部分会议代表导引至分会场开会和食宿。

五、做好会场服务

做好会场服务是确保会议顺利进行的基础和保障，主要包括后勤服务、摄像照相、电脑速记、外语翻译等。

（一）后勤服务。会场的后勤服务主要是引导参会代表进场入座，提醒服务员为参会代表和主席台就座领导提供茶水服务，指导技术人员调节会场的温度和光线等。这些工作虽然主要由会场服务人员完成，但作为主办方的办

① 表中所列事故预防措施和应急措施仅供参考，需根据每个会议具体情况进行设定。

会人员，也必须参与，特别是为领导和嘉宾做好服务，积极应对服务员在会场服务中出现的问题和遗漏。

对做好会场后勤服务有以下几点建议：

- 提前熟悉与会领导和嘉宾的相貌和背景资料；
- 提前熟悉会场座次图的布局规则；
- 提前与会场服务人员和技术人员进行对接，做好交代；
- 提前上主席台试坐，看看灯光和投影仪是否直射眼睛；
- 对添加茶水时间间隔和线路要提前规划，避免影响会议进行；
- 注意观察参会代表对会场温度的反应和反馈，对在空调出风口附近就座的代表要给予提示；
- 对参会代表提出的不合理服务需求，要耐心解释，婉言拒绝。

（二）摄像照相。会场摄像照相的重点内容包括代表到达、贵宾接待、会场布置、交流发言、领导讲话、重要仪式、合影留念和感人时刻等场景，要对重要人员、重要环节和重要发言做好音像记录，以便会后用于工作存档、汇报、宣传和留念。

完成好会议的摄像照相任务，还要注意处理好以下情况：

- 器材要提前检测，确保性能良好、满电和足够的存储空间；
- 准备好备用器材和电池，以备突发情况导致设备故障；
- 提前踩点，找到合适的摄像机位；
- 提前了解相片和影像的用途，以便更好地抓镜头；
- 主席台灯光应充足，比台下更亮一些，以保证摄像照相效果。

（三）电脑速记。速记可分为手写速记和电脑速记。传统的手写速记虽然已经少见了，但高密级会议还在使用。电脑速记具有速度快、效率高的特点，速记的同时直接形成标准的电脑文本。在会议的发言、座谈、讨论等环节中，运用速记来做会议记录，可以更为完整、准确地记录会议内容，更原汁原味。

会议主办者应与速记人员或速记公司签订保密协议，对速记人员的记录速度和错误率有严格的限定，要求其熟悉会议主题相关的专业领域，特别是专业术语，并具有较为丰富的会议速记经验。

（四）外语翻译。外事会议中外语翻译是一项重要的服务内容，包括交替传译和同声传译两种模式。同声传译需要借助专门的设备，对翻译人员的语言水平要求也更高，能够减少对会议时间的占用，更好地提高会议效率。

翻译人员应精通相应的语言，具备高水平的听说和速记能力，熟悉外事礼仪和外事纪律，熟悉与会议主题相关的专业领域和专业术语。会前可将会议议程、背景材料和发言内容提供给翻译人员预习。会议主办方应与翻译公司或翻译人员签订保密协议，或在委托协议中签订明确保密责任。

精准掌握会议礼仪

会议礼仪是人们在参加和管理会议过程中为了表示相互尊重、敬意、友好、关心等共同遵守的行为规范。以下介绍一些基本技巧，更多的经验需要在实践中不断总结和积累。

一、会场基本礼仪

一是衣着得体，干净整洁，着装应与会议性质、自身条件、年龄和季节等相协调。女士以职业套装为宜，不可过于暴露或追赶潮流，外事会议男士应着衬衫和西服，打领带或领结。

二是在会场相互介绍时，应先自我介绍，简明扼要；若为其他参会人员做相互介绍，应根据职务和地位高低，先介绍位高者。

三是在会场握手致意时，办会人员先伸手，参会人员后；位高者先伸手，位低者后；女士先，男士后。握手时，应保持手部清洁，双目注视，力度适中，三四秒即松手。

四是在会场交换名片时，双手递送，一般位高者或年长者先主动交换名片为宜；同时向多人交换名片时，先递送给位高者，后给位低者；别人交换过来的名片要妥善保存，自己未带名片时要向对方表示歉意。

形体语言的宜与忌①

类型	宜	忌
站姿	1.站直 2.脚保持安静 3.肩部放松 4.双臂垂于体侧 5.头和下颌抬起	1.没精打采地站着 2.来回移动脚 3.晃动身体 4.两臂抱肩 5.低头
坐姿	1.坐直 2.两腿在脚踝处交叉 3.身体微微前倾	1.东歪西靠，坐不安稳 2.两膝分开太远或跷起二郎腿 3.双脚不停抖动
走姿	1.行走有目的性 2.步伐坚定 3.弯腰捡东西时要屈膝	1.脚步拖拉 2.步履沉重迟缓 3.八字脚（“鸭子步”）

二、参会人员礼仪

一是要按时到会，提前10分钟进场入座，不迟到；允许的情况下可提前30分钟到会，更好地利用会前时间同其他与会代表交流。

二是会议中手机调至振动或静音，确须接听电话，应先离开会场。

三是要提前熟悉议程和会议相关材料，做好讨论发言准备。

① [美] 芭芭拉·帕切特等著：《国际商务礼仪》，李家正等译，中国对外翻译出版公司1998年版，第76页。

四是开会过程中，要端坐正视，集中精力，认真听会，适时鼓掌向发言者致谢；要认真记录会议要点，以便会后学习、总结和传达。

五是会间休息时，要主动与其他参会人员交流，探讨会议有关问题，不对领导讲话内容擅做评论和批评。

六是如需提前离会，要向主办方请假，说明原因，表示歉意。

三、发言人员礼仪

一是发言要吐字清晰、语速适中，讲普通话，内容简短扼要、通俗易懂；发言时不能一直埋头念稿，应时常抬头，用眼光和肢体语言与参会者互动。

二是积极回应会场掌声，可起立鞠躬以示谢意，若发言者是领导，可以鼓掌回谢，待掌声停止后继续发言。

三是讨论发言时，要按指定顺序发言，不争不推，观点明确，控制好时间，耐心听取其他与会者对自己发言的不同意见。

链接：10种常见的礼仪错误

1.语言不当；

2.不尊重他人时间；

3.不得体的服装和打扮；

4.不适当地使用电话；

5.不得体地向人问候；

6.不注意聆听别人的谈话；

7.不爱护公用财产和不尊重他人的空间；

8.使别人难堪；

9.不得体的用餐礼节；

10.对他人做出不适当或不一致的评价。

四、接待人员礼仪

一是一般可着深色职业套装，胸前挂工作证，方便服务参会人员；可化淡妆，少用饰品，勿用味道浓烈的香水。

二是语言亲切，面带笑容，精神饱满，热情耐心地接待参会人员。

三是不得当众说说笑笑、玩弄手机，不得进食有异味的食物，不得有不文明礼貌的行为。

四是对与会领导和嘉宾的背景资料要有必要的了解；对老弱病残、少数民族、宗教人士、外宾等要给予特别照顾。

五是对参会人员的需求不可搪塞推辞，坚持首问负责；参会人员提出的不合理要求，要耐心解释，坚持原则。

会议服务工作，即会议期间的后勤服务，以住宿服务、就餐服务、交通服务为主，此外也包括了安保服务、医疗服务等其他服务。

依规安排会议住宿

安排会议住宿，应明确选择住宿地点的依据，严格遵守住宿费标准，及时预订房间，规范协议签订，对特殊参会人员和特殊时段的住宿需求应妥善安排，做好住宿备用方案，以备不时之需。

一、依据和标准

选择会议住宿地点，要考虑以下几个方面：

第一，要符合有关政策法规的要求，包括《党政机关厉行节约反对浪费条例》《中央和国家机关会议费管理办法》《党政机关会议定点管理办法》《中央和国家机关差旅费管理办法》，以及各省、区、市出台的有关管理规定等。

第二，要根据会议实际需要，满足会议代表和工作人员的住宿需求，档次适中，服务优质，交通便利。

第三，要根据会议预算总额量入为出，选取价格优惠，性价比高的住宿地点，不超标，不奢华。

第四，要事先踩点和比较，考察住宿条件和服务水平，试住体验，多做比较，仅通过书面材料往往难以做出正确的选择。

考察和比较会议住宿地点时，具体标准和要素应包括：

一是政采定点。除网络及视频会议，或使用内部场地开会外，党政机关会议应当在会议定点场所召开。

二是客房规模。套间、单间、标准间各自的总数，会议期间可用的间数。

三是房间设施。家具电器、床上用品、洗漱用品、灯饰、卫浴、吹风机、网络等。

四是服务水平。服务人员礼仪、服务的态度、标准和细致程度。

五是住宿环境。饭店内购物场所、健身场所、商务中心等配置，无障碍设施情况，周边景致和生活环境等。

六是交通便利。机场车站可便捷到达，房间距离会场和餐厅较近，有充足的停车场地，有必要的电瓶摆渡车和雨伞。

七是确保安全。安保力量强、管理严、智能化，消防设施齐全。

链接：严拒党政机关超标准会议服务要求

2015年2月6日，财政部发布新版《党政机关会议定点管理办法》，强调党政机关不得要求会议定点场所虚报会议天数、人数，开具虚假发票等；会议定点场所有权拒绝党政机关提出的超出协议的服务项目和要求；会议定点场所不得违规提供发票、费用原始明细单据、电子结算单等凭证。

二、预订和协议

会议住宿预订的方式一般有两种：一种是统一预订，即由会议主办方与会议所在饭店预订房间并结算费用，党政机关会议或单位内部会议常使用这种方式；另一种是代表自行预订，即会议主办方只与饭店预订房间类型和数量，由参会代表根据会议通知信息，自行与饭店联系预订房间并结算费用，国际研讨会、论坛等多使用这种方式。

两种会议住宿预订方式的比较

	统一预订	代表自行预订
预订协议	主办方与饭店协议中住宿费总额较大	主办方与饭店协议中住宿费总额较小
预订流程	主办方收集参会代表住宿预订信息，汇总后向饭店预订	主办方通知参会代表指定饭店信息，代表自行预订
经费来源	住宿费用一般由主办方专项财政经费负担	住宿费用一般由参会代表所在单位负担
各自特点	1.适合经费有专项来源会议 2.增加了主办方会务工作量 3.参会代表住宿费标准统一 4.主办方可提前排好房号 5.代表难以自选朝向和楼层	1.适合向代表收费的会议 2.代表参会报名工作复杂 3.预订可能会有费用优惠 4.较难及时统计会议住房信息 5.住宿分散不便于代表间交流

会议住宿协议是主办方与会议饭店之间明确会议住宿权利义务的重要文件，可与场地、食宿、交通、印制事宜等，一并形成整体的委托服务协议。协议中，会议住宿部分至少应确认以下信息：

- 会议名称、主办单位及饭店全称；
- 房型和价格，按日标明计划用房数[①]，可接受的最低入住率；

① 注：会务组提前进驻，以及代表计划到达时间不同，会影响会议每日用房数量。

- 房间预订方式，若为代表自行预订，需明确接受预订的最早时间和截止时间；
- 会议代表的入住时间和退房时间；
- 住宿费预付款金额、方式和时间，住宿费结算方式和时间；
- 违约责任，及协议未尽事宜的协商途径。

链接：把会议开实

会风体现的是党风政风，提高会议质量意识，推进工作落实才不会沦为空谈。

- 坚持民主定议。把问题找实，把议题找准，将解决办法找全。
- 执行报批制度。没有内容的会不开，可合并的会不单开，能视频开的会不集中开，可一次性开的不层层开。
- 严格纪律要求。领导带头讲短话、讲实话，杜绝“代会”“缺会”，防止“手机族”“瞌睡族”。
- 虚心听取意见。鼓励参会人员各抒己见，提建议、讲意见。
- 强化督查督办。明确专人过问，限定落实时限，加大问责力度。

三、特殊需求

参会领导、嘉宾和其他特殊代表（如年迈、伤残人员和外宾等）的住宿服务要给予特别关注。领导和嘉宾的房间楼层、朝向和景致要精心挑选，房间设施要提前检查和调试，不得超标准安排住宿；外宾的房间要注意配备咖啡、红茶等西式茶饮，房间设施要有必要的英文标注；残疾人房间要检查无障碍设施是否齐全，注意提醒人们用水用电安全，应安排随行人员同房间或就近房间住宿，以便照顾。

会议过程中，遇到有参会代表早到或晚到，提前或延迟退房的情况，主办方要准确掌握代表到会和离开的时间，做好住宿预订计划，并及时与会议饭店做好沟通和调整。同时，要提前与参会代表说明这些特殊时段住宿费用负担事宜，安排好相应时段的就餐。

预订会议饭店，要考虑好备用饭店，以备预订饭店发生特殊情况时使用。如遇到其他重要会议占用客房；饭店客房被重复预订；饭店突发水电故障，短时无法修复；参会人员突然大量增加或减少；等等。

备用饭店方案有两种：一种是直接替代，就是放弃原接待饭店，完全将会议转移到备用饭店，这对备用饭店的住宿接待能力要求较高；另一种是作为补充，原预订饭店房间继续使用，房间不足部分由备用饭店接待，这要求备用饭店与原预订饭店距离不能太远，最好步行5—10分钟即可到达，或者安排好会场和饭店间的摆渡车辆。

合理安排会议餐饮

会议餐饮服务主要是为参会领导和代表提供一日三餐的保障服务，也包括为报到误餐和有特殊就餐需求的代表提供用餐服务。这里主要介绍就餐计划、菜品质量、就餐服务、就餐礼仪四方面内容。

一、就餐计划

制订完整和详细的就餐计划是完成会议餐饮服务的前提。就餐计划中，至少应包括就餐时间、地点、方式、标准和环境要求等方面信息，具体如下：

1. 就餐时间。

一是就餐起止时间要与会议起止时间衔接好，如早餐最好在上午会议开始前15—20分钟结束，以免因代表吃早餐不能准时参会。

二是就餐时长要根据就餐方式设置，如自助餐时间一般为40分钟至1小时，桌餐要求代表集中在一个时间点到达餐厅。

三是报到日就餐时间要适当延长，参会代表报到时间很难集中在就餐时间，如果延误了就餐，应尽量为参会代表提供简餐或套餐。

四是就餐时间要符合日常生活习惯，如午餐时间为11点半至12点半，太早或太晚都不太合适。

2.就餐地点。就餐地点要尽量离会场和客房近一点，如果参会人员过多，应考虑分餐厅就餐；清真餐要安排专门房间或区域。餐厅大小要适中，不拥挤。

3.就餐方式。就餐方式有自助餐、半自助餐、分餐、套餐或桌餐等。一般会议使用自助餐居多；就餐人数较少时可使用半自助餐，即主菜一人一份，辅菜和主食等自助；报到日就餐人数可能特别少，这种情况下提供套餐较为经济；重要外事会议的宴请多采用分餐；桌餐容易造成浪费，准备工作复杂，不利于灵活时间错峰就餐，现在较少使用；党政机关会议用餐应安排自助餐或工作餐，会议期间不得安排宴请。

4.就餐标准。就餐标准要严格按照有关政策文件设定，不超标、不浪费，不上高档菜肴。党政机关召开的会议餐费标准要按照每人每天确定或明细到单餐。按照规定，中央和国家机关一类和二类会议餐费标准原则上应不超过每人每天150元，三类和四类会议不超过每人每天130元，可综合调剂使用。

5.就餐环境。良好的就餐环境是提升参会代表满意度的重要基础。会议就餐区应保持温度湿度适宜，环境卫生整洁，可播放轻松的背景音乐或电视新闻节目，餐桌摆放不宜过密，餐台摆放应便于取餐，菜品前应清晰标注菜名。

二、菜品质量

菜品质量与搭配是就餐服务的基础。一是确保质量，要保证食材、食用油和调味品的品质，严把进货渠道关，厨房要卫生整洁，厨师和服务员健康证齐全，菜品24小时内留样。二是搭配合理，包括：荤素搭配、冷热搭配、口味搭配、营养搭配、地域搭配、中西搭配，体现当地特色，满足清真餐等特殊用餐需求。党政机关会议就餐严禁饮酒或含酒精饮料。

三、就餐服务

就餐服务主要包括餐厅的设施布局和服务员的服务引导两方面。

设施布局。餐厅的必备设施包括：桌椅、取餐台、回收台、餐具等，视听设备和适当的装饰更能营造良好的就餐环境。合理布局是保持就餐顺畅的前提，具体提示有：

- 餐桌摆放不宜过于密集，以免行走不便；
- 取餐台应置于近门处两侧墙边，减少取餐对就餐的影响；
- 回收台应置于角落，远离取餐和就餐区，标志显著；
- 餐具置于取餐台前端，或置于消毒柜内；
- 餐桌上应放置调味品、纸巾、牙签和节约用餐提示牌。

服务引导。会议结束时容易出现集中排队取餐的情况，加强服务引导，快速收取餐券，代客人取餐具，增加餐台设置，分餐厅就餐，或者错时就餐等，都有利于缓解排队问题。就餐服务中还要注意适时添加菜品，保持菜品温度，及时清理餐桌，清扫湿滑地面等。

此外，会议主办方应在会前认真检查餐厅和厨房卫生状况，试吃菜品，会中应要求餐厅每日适当调换菜单。

四、就餐礼仪

文明就餐、避免浪费是就餐的基本礼仪。办会人员应在餐前及时与餐厅核对人数，减少因多报人数导致菜品浪费。参会人员取餐时应按照多次少取的原则，不应一次取餐过多，以免因口味不合或吃不了导致浪费，落实“光盘行动”要求。此外，参会人员在取餐和就餐时，还要注意做到：

- 取餐时应主动出示餐券，排队取餐，耐心等候；
- 礼让女士、外宾和帮扶老弱病残人士；

- 不要在一个菜品前长时间停留；
- 就餐时不要大声喧哗，禁止吸烟；
- 不要长时间接打或玩弄手机；
- 用餐后自行将餐具送至回收台。

链接：如何使用西餐的刀和叉

西餐餐具主要是刀和叉，使用时应注意以下几点：

- 右手用刀，左手用叉；
- 只使用叉时，可用右手拿；
- 吃面条时，需要用叉卷起来吃，不要挑；
- 放下刀叉时，应将刀叉呈“八”字形分别放在盘子上；
- 刀叉并拢放置，表示用餐完毕。

采用桌餐就餐时，主桌的位置和座次礼仪是我们最关注的。主桌的位置一般应远离餐厅门口或在餐厅内居中。如图4-1所示：

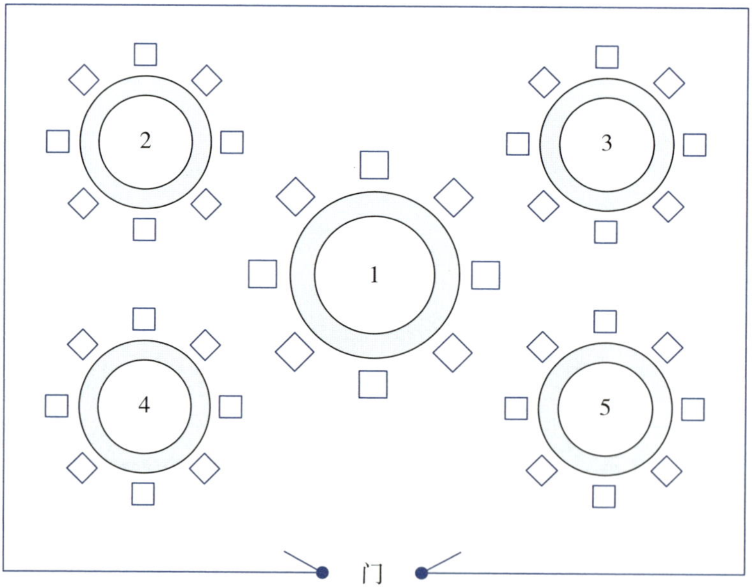

图4-1　主桌居中的桌次示意图

宴会桌次：

1. 一般远离门居中的为宴会主桌，距离主桌越近的桌次越尊，主桌面对门右手侧为尊位；

2. 主桌正对门前方为2号桌，右手侧为3号桌，左手侧为4号桌；

3. 第三排桌较第二排距离主桌远，排5号至7号桌，规则同上。

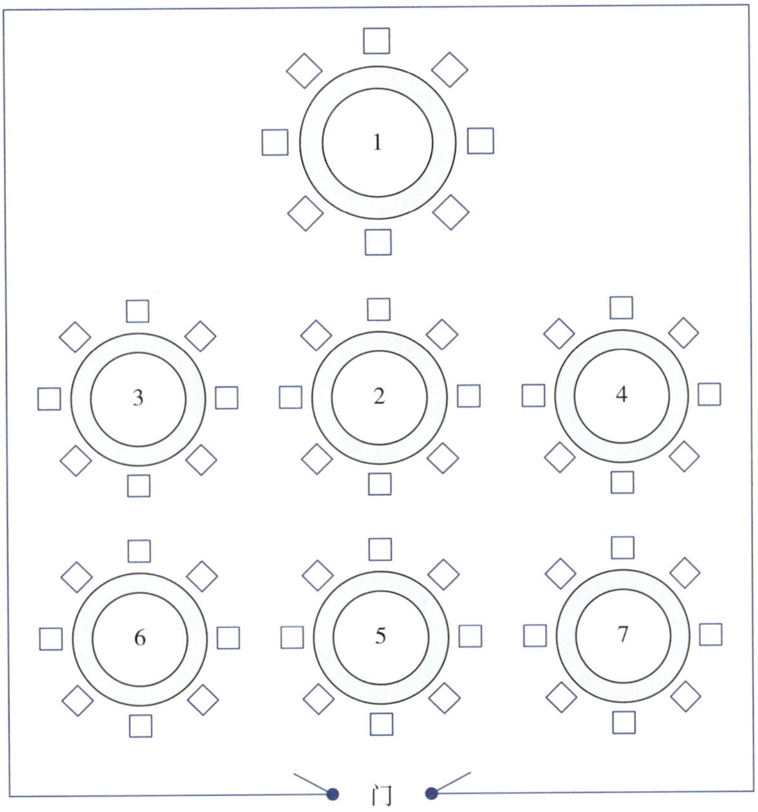

图4-2　主桌居内的桌次示意图

桌餐座次与会议座次不同，会议主席台座次以左为上，桌餐座次以右为上。主位式、主陪式和外事宴请这几种常见的桌餐座次如图4-3至图4-5所示。选用主位式或主陪式座次，关键在于主人和来宾的地位关系。如果来宾是上级单位领导，则适宜采用主位式，请最重要的来宾坐主位。其他情况下，则适宜采用主陪式座次。

圆形餐桌主位式座次：

1.就餐座次以右为尊，主方和来宾交替相坐；

2.餐桌正对门座位为1号位（主位），或以餐桌标示的主位为准；

3.主位右侧为2号位，即第一主宾位；

4.主位左侧为3号位，即第二主宾位；

5.主位右侧2号位之后分别为4号、6号、8号位；

6.主位左侧3号位之后分别为5号、7号位，以此类推。

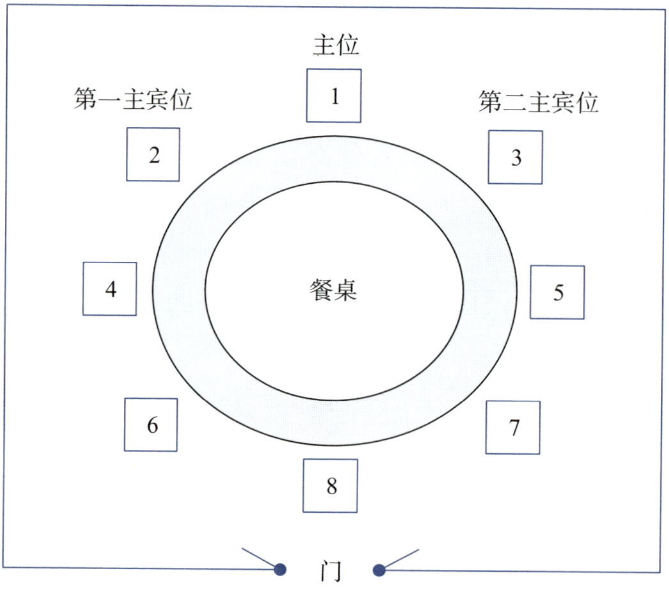

图4-3　主位式座次示意图

圆形餐桌主陪式座次：

1.就餐座次以右为尊，主方（接待方）和来宾交替相坐；

2.餐桌正对门座位为主陪位，主陪位正对的座位为副陪位；

3.主陪和副陪一般为主方（接待方）参加宴席相对职位最高的两位领导；

4.主陪位右手侧为宾客1号位，左手侧为2号位；

5.副陪位右手侧为宾客3号位，左手侧为4号位；

6.其他人员座位，按宾客1—4号位安排顺序，以此类推。

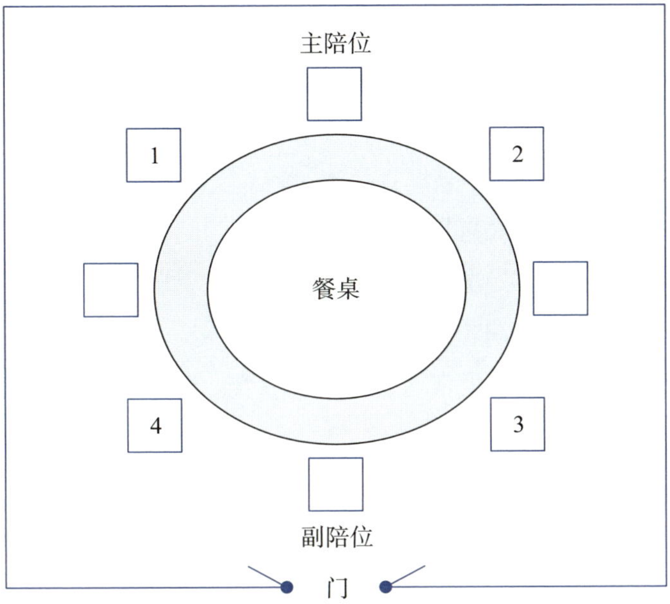

图4-4　主陪式座次示意图

外事宴请圆桌餐座次：

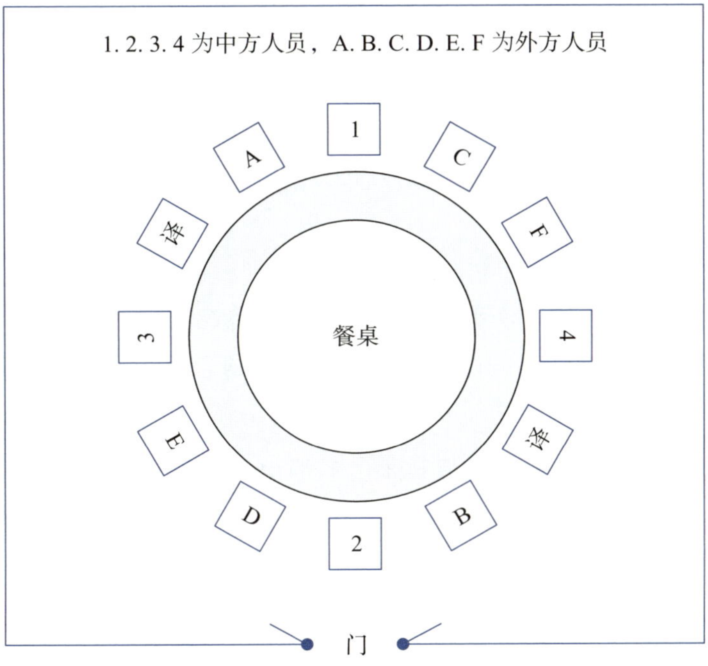

图4-5　外事宴请圆桌餐座次示意图

1.外事宴请座次按照国际礼仪，主位右手侧为尊位；

2.餐桌正对门座位为1号位（主位），或以餐桌标示的主位为准；

3.中方1号领导坐主位，2号领导坐与主位相对的座位；

4.中方1号右手侧为外宾A位，左手侧为C位；

5.中方2号右手侧为外宾B位，左手侧为D位；

6.翻译分别坐在外宾A和B右手侧，这样既便于中方和外方主要宾客邻近就座，又便于翻译服务；

7.中方3号和4号人员坐在两位翻译右手侧，外宾E和F坐在中方3号和4号右手侧，既交替入座，又便于交流。

科学安排会议交通

会议交通服务主要为参会领导、嘉宾和代表提供接站、送站、会场摆渡和外出考察的用车保障服务，这里主要介绍会议用车计划、人员分工、租车安排、公共交通、乘车礼仪等几个方面的内容。

一、用车计划

科学合理的用车计划是会议交通调度和服务万无一失的重要前提。用车计划中至少应包括接送时间、接送对象个人信息、车型及数量、车牌号、行车路线等内容，具体如下：

1.接送时间。一是接送站要提前了解航班车次的预计到达时间，估算前往机场车站路上行驶时间，留出一定的机动时间，倒推接送站车辆的出发时间。及时与机场车站的客服联系，了解是否存在延误和晚点情况。二是接送领导和嘉宾至少提前一天与其电话确认接人时间和地点，司机应比预定时间提前10—15分钟到达指定地点，以示礼貌。三是会场摆渡一般应定点发车，要将发车时间表印制在会议手册中，并通知到参会代表。四是会议外出考察要提前确定出发时间、集合时间和地点，集合时间应比出发时间提前10—15分钟，以保证准时出发。

2.接送对象个人信息。要明确接送对象的姓名、职务职称、手机号码、人数等信息，了解是否有伤病、年迈和残疾等特殊人员需要接送。

3.车型及数量。要根据接送对象的职务、人数、行李数量和身体状况等，确定接送的车型和数量。

4.车牌号。逐一登记车牌号，及时告知调度人员、接送对象，以便接送对象准确地找到接送车辆，以及接送车辆获准进入机关单位院内；也方便遇到突发情况时，准确定位车辆位置。

5.行车路线。要对路线有清晰的描述，以便司机行车需要，也便于准确测算行车时间。设计路线要注意单行道、临时限行情况和经常拥堵路段的情况，尽量选择距离较短、路况较熟、交通顺畅的路线。

二、人员分工

与会议交通服务相关的工作人员包括：调度员、司机、跟车人员、检修人员、引导人员等。调度员负责按照车辆使用计划，调配会议车辆、司机、跟车人员及引导人员，以及在突发情况下紧急调度车辆。

调度员应提前掌握会议车辆服务相关部门和人员联系方式，以便联系调度；司机和检修人员会前要对车辆进行全面检查，确保性能良好；司机要驾驶技术精湛，熟悉行车线路，体力充沛，服务热情；跟车人员要根据接送对象的职务职称，做好相应安排，掌握接送站信息和带好接站牌，及时掌握航班车次延误信息，定时向调度员报告车辆位置，行前手机保持满电；跟车人员要帮助司机指路、停车，为车上人员做好服务；停车引导人员要熟悉停车场布局，驾驶和停车技术娴熟。

链接：跟车人员如何选择聊天话题

接送站时跟车人员常常需要与来宾交谈，应该选择什么样的话题更为妥当呢？建议如下：

安全的话题：天气、交通、体育、无争议的新闻、旅游、环境问题、对会议城市的介绍和赞美、共同的经历和爱好、书籍、文学艺术等。

应回避的话题：健康状况、物品的价格和收入、有争议的新闻、低俗的兴趣爱好、低级笑话、小道消息、宗教话题、私生活的细节、涉及公事的玩笑等。

三、租车安排

随着全国党政机关公务用车制度改革的推进，租车将成为会议交通服务新的重要方式。寻找信誉度高、诚信经营的租车公司租用车辆，城市公交公司和国有大型出租公司都是可行的选择。

与租车公司合作，要提前考察公司实力，多选几家，比服务、比技术、比规模、比实力。事先签好租车协议。租车协议应明确以下内容：（1）会议名称、时间与地点；（2）租车车型、行车路线、价格及趟次；（3）行车出发地点及时间；（4）租车费、付款方式及时间；（5）对司机的驾驶技术及服务态度的要求；（6）对车辆性能的要求；（7）违约责任。

会议主办方应加强对租用车辆及司机的管理，安排能力强、经验丰富的工作人员跟车指导和服务乘车人员。

四、公共交通

为了更好地控制会议成本，减少会务工作压力，保护环境，会议主办方应积极倡导参会人员乘坐公共交通工具，提倡绿色出行。

主办方在会议报到通知中可倡议参会人员乘坐公共交通工具，不安排接站，附上出租、地铁、公交车等公共交通工具乘车路线和询问电话。会议地点与最近的地铁站和公交车站距离较远时，应安排好饭店与车站间的摆渡车辆，在车站安排好引导接待人员和标识。参会人员下车后需步行一段才能到达会议饭店时，主办方要在沿途做好引导标识。

五、乘车礼仪

乘车礼仪中座次礼仪最为重要，领导和陪同人员如何安排乘车座次也有一定之规。这里主要介绍以下两类常见的乘车座次。

第一，5座小轿车乘车座次。1号位置是来宾或职位最高的领导，便于上下车。2号位置仅次于1号位置，陪同人员坐前排副驾驶位置。

5座小轿车座次：

①1号领导坐后排右侧，舒适安全，便于上下车；

②2号领导坐后排左侧；

③随行人员或秘书坐前排副驾驶位置；

④若司机为接待方领导，1号领导坐副驾驶位置更显对接待方的尊重。

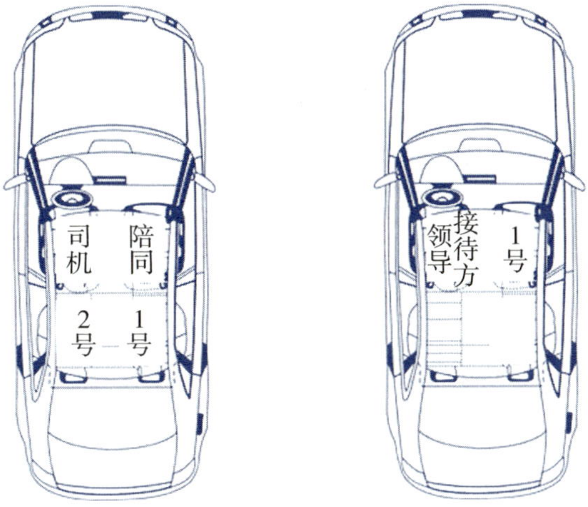

图4-6　5座小轿车座次示意图

第二，7座和11座商务车乘车座次。7座和11座商务车的座次顺序与5座不同，主要是考虑主宾的乘坐舒适度和上下车方便。

7座商务车座次：

①1号领导坐前排左侧座位；

②2号至4号领导坐后排，顺序自左至右；

③5号人员坐前排右侧靠门的座位，以便开关车门；

④秘书或随行人员坐前排副驾驶位置。

11座商务车座次：

①1号领导坐前排左侧座位，其右侧一般不坐人；

②2号领导坐第二排1号领导身后座位，3号领导坐2号右侧；

③4号领导坐2号身后，5号至7号领导坐4号右侧，顺序自左至右；

④8号人员坐第二排右侧靠门座位，以便上下车开关门；

⑤秘书或其他随行人员可坐前排副驾驶位置。

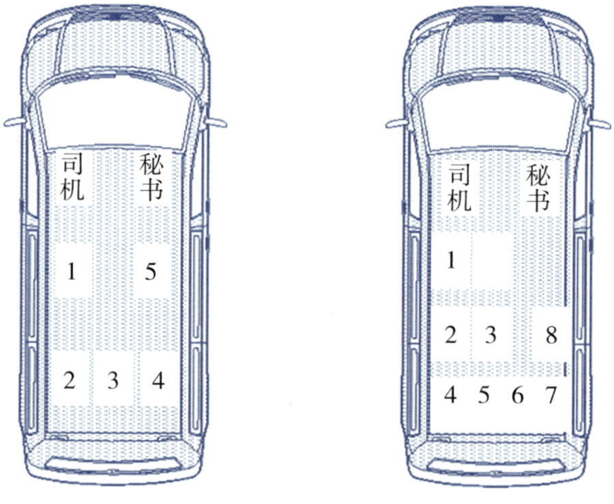

图4-7　7座和11座商务车座次示意图

除座次礼仪之外，陪同人员还要注意上车时先帮宾客打开右侧车门，挡住车门上沿，以免宾客上车时磕碰头部，待宾客上车落座后，帮助其关好门，自己再上车；下车时，尽快下车，帮宾客打开车门，主动帮助拿行李；行车过程中要主动和适度地与宾客聊天，介绍会议有关情况，以及会议所在城市的风土人情。

确保会议及人员安全

会议服务工作除了住宿、就餐和交通之外，还有安保服务、医疗服务、文体活动、代订车票、行李寄存等，这里我们对安保服务和医疗服务做简要介绍。

一、安保服务

会议安保服务，首先要制定安保方案，建立工作机构，配备人员，明确分工和职责，对可能发生的突发情况做好应对预案。具体工作包括：人员培训、排查隐患、进场安检、维持会场秩序、处置突发情况、会场信息安全、安保巡查等。

1.人员培训。加强安保人员技能培训，增强工作责任感，明确工作流程，熟悉会场环境，可开展模拟演练，丰富实操经验。

2.排查隐患。会前对会场内外环境等进行全面的安全隐患排查，重点是排查消防和防盗隐患，调试消防设施和安保监控系统，掌握会议饭店水电图纸和楼层平面图，检查安全逃生通道。

3.安全提示。在会议须知、大厅水牌、客房内台签上提示安保要点，特别是用水安全、用电安全、网络安全、防盗、防骗、防泄密和防人身伤害。

4.进场检查。对进入会场的人员要严格检查，仔细核对代表身份和代表证，按规定流程检查携带的物品，特别是易燃易爆物品和刀具等，对自带饮水做必要的检查或禁止带入。

5.会场秩序。对影响会议正常召开的人员，如私自拍照、大声喧哗、行为极端者，第一时间给予警示，进行批评教育，影响严重且不听劝阻者，应及时文明带离会场，需要时可请警方协助。

6.信息安全。根据会议保密需要，对会场网络和通信信号进行屏蔽，或禁止将手机、相机、录音笔等电子设备带入会场，禁止私自在会场内录音、照相和摄像。

7.安保巡查。确认各岗位安保人员是否在岗和履职情况，检查安保设施是否运转良好，建立和按时填写安保巡查日志。

二、医疗服务

会议医疗服务，首先要建立医疗服务方案，包括明确工作机构与职责、可用医疗资源清单、常用药品清单、常见急救方法、特殊人群名单及其健康状况、会场内外医疗卫生巡查制度、应急救护设施及其位置、医疗卫生突发事件应急措施等。

1.会议医疗服务机构。由办会人员、饭店医务人员和医院专业医护人员组成，应分工明确，联系通畅。办会人员负责协调和调配资源，饭店医务人员负责巡查和现场急救，医院医护人员负责在需要时，到达现场开展专业救护和医疗服务。

2.准确掌握可用医疗资源。包括饭店具备急救医护能力的医务人员，饭店附近医院的医疗急救资源、联系方式和行车路线，饭店自有的常用急救设施，如轮椅、担架、医用吸氧设备等。

3.常用急救药品和急救手册。会议主办方应备好常用急救药品和急救手册。指定专人掌握常用急救药品的使用，以及常见突发病状的急救方法。

4.跟踪特殊人群健康状况。会议主办方应高度关注到会领导和嘉宾的身体状况，以及参会人员中的伤病残疾和年迈老人。掌握相关人员的病史和目前健康状况，以便重点跟踪和服务。

5.定期巡查会场内外环境卫生。巡查的重点是环境卫生情况、食品饮水卫生、隐藏的危险设施物品、违规吸烟和体征异常的参会人员。

链接：常见急救情况

- 猝死：多因冠心病、急性心肌梗死和心律失常，立即实施心肺复苏术，不要随意搬动；
- 溺水：清理口腔内异物，立即实施人工呼吸至专业医护人员到达；
- 触电：即刻关闭或切断电源，用绝缘物品将触电者与带电物品分离；
- 呼吸道异物阻塞：应立即抢救，并拨打急救电话；
- 眼灼伤：立即就地取清水冲洗，分秒必争；
- 严重的胸、腹外伤：刺入胸、腹部利器须专业医务人员处理；
- 烫伤和烧伤：第一时间冷水清洗伤口10分钟以上；
- 骨折：一定注意救护动作，不要加重伤者损伤。

（来源：《北京市民防灾应急手册》）

肆

场景四

会后做好善后工作

- 清理撤离会场
- 汇编会议文件
- 报销会议费用
- 评估总结会议
- 传达会议精神
- 跟进会后工作

会议主持人宣布会议顺利闭幕之时，并不意味着会议管理工作全部结束。会议主办方还要及时清理撤离会场，汇编会议文件，报销会议费用，评估总结会议，督办会议决定事项；参会代表也要及时在本单位或本系统传达会议精神和落实会议决定事项。

清理撤离会场

会议结束后，办会人员应第一时间清理会场布置，清退会议文件，安排好领导、嘉宾和参会代表的离场与返程。

一、清理会场布置

会场清理主要包括物品清理和设备回收。需要重点清理的物品包括横幅、旗帜、桌签、代表证、水牌等，这些物品若随意丢弃，会影响参会人员和公众对会议严肃性和组织工作规范性的评价。其中一些物品可以回收二次使用，也符合厉行节约的要求。需要回收的设备包括笔记本电脑、照相机、录音笔等，这些设备较为贵重，又存储了重要的会议信息，及时回收才能确保会议信息和资产的安全。

清理和回收会议物品要注意以下几点：

- 可二次使用的旗帜、桌签架、代表证外壳，以及会议代表遗弃在会场的会议包、本、笔等学习用品，应及时回收，退回相关管理部门，签字交接，厉行节约；
- 电子设备要指定专人使用和维护，租用的设备会后应及时归还，当面确认设备完好，交接时书面签字确认；
- 电子设备中的数据要及时备份，租用的电子设备归还前要将数据导出并清空设备内与会议相关的数据；

- 委托第三方为会议提供录像、录音、照相和翻译等服务，应签订委托协议，明确保密要求，并及时获取会议数据光盘；
- 饭店服务人员应在会议结束后及时关闭会场电源，减少浪费；
- 如果使用的是内部会议室，会议结束后应主动将会议室桌椅归位，打扫干净，断电关门。

链接：APEC会场清理：隔板回收使用　条幅将制成环保袋

2009年11月，亚太经合组织会议在新加坡圆满落幕，会场清理工作中，新加坡负责布置场地的公司告诉记者，会场的20面条幅将捐给慈善组织，用来制作环保袋，而且用来搭建工作间的活动门和隔板也将回收循环使用。

二、清退会议文件

会议结束后需要严格清退的文件主要有两类：一类是明确标明密级的文件；另一类是会议主办方明确要求清退的重要文件，如重要领导讲话稿、文件讨论稿和其他内部文件等，清退的目的在于防止丢失泄密。办会人员在会前发放资料时就要明确必须清退的文件目录和要求，参会人员在会议结束离场时要按目录逐一清退文件。文件清退的时间节点根据主办方的要求确定，有的文件讨论稿可能要求在讨论结束后即刻清退。会议文件清退还应注意以下几点：

- 专人负责文件的回收、保管和销毁；
- 保密文件清退须本人退还，当面签收；
- 保密文件应逐一编号，发放与清退时应登记编号，以便文件与人一一对应；
- 清退文件目录与发放目录要一致；

- 清退文件时，要注意检查是否有缺页或损坏；
- 会议期间，主持人应反复强调文件保密的要求和注意事项；
- 对擅自将保密文件带离会场的人要及时追回文件，严肃处理；
- 对丢失会议保密文件的人员要依法追究其责任。

除了必须清退的会议文件外，办会人员还要在清理会场和房间时，将参会代表遗弃的其他会议资料及时收回和销毁。

三、会议代表撤离

会议代表撤离包括了一系列相关工作，如领导、嘉宾和参会代表离场、退房、送别、送站、延住等。

（一）代表离场。离场关键在于秩序和安全，特别是有重要领导出席，或者参会人数规模较大的会议，有序离场是对办会人员的重要考验。需要注意的是，一要安排专人引导参会领导和嘉宾先于会议代表离场，最好预留专用通道；二要事先告知参会代表可用的离场通道，并在会议结束时及时打开，可安排参会代表按座位区域分区错时离场，让老弱病残等特殊人群优先离场；三要在离场路线沿途安排引导人员，提醒参会代表迅速离场，注意安全。

（二）代表退房。退房关键在于准确核算费用，确保房间设施和物品没有丢失和损坏。房卡丢失、房间物品损坏、超时退房等情况都可能导致退房过程中发生争执。遇到这类情况，一是可以按照饭店规定，在住房押金范围内，实事求是，明确责任，承担费用；二是可以在会议经费允许的情况下，由主办方适当给予补贴；三是可以与饭店协商，对少量的赔偿或额外费用给予减免。

（三）安排送别。送别的关键在于礼仪，送别领导时应安排主办方级别对等或略高的领导。送别普通参会人员，可安排办会人员于饭店门厅处统一送别。礼仪内容包括握手、挥手、上车、目送等，如目送应当等车辆离开自己的视线后再离开，以示尊敬。

（四）安排送站。送站关键在于提前掌握送站信息，合理安排送站车辆，科学计算送站所需时间，必要时还应安排专人跟车送站。在代表报到的同时即要登记送站信息，提醒参会代表及时购买返程票。在会议结束前一天就应张贴送站安排，鼓励代表乘坐公共交通工具前往车站。送站车辆的出发时间要根据航班车次出发时间、送站路线长短、路上交通状况等综合考虑，留出一定的富余时间。

（五）安排延住。有些会议代表由于各种原因，在会议结束后需要在会议饭店延长住宿时间。作为办会人员，遇到这种情况，一是要确认延长住宿的时间段，并妥善解决好资金支付问题；二是要与会议饭店沟通，争取房间价格按照会议价不变；三是要及时掌握客人返程安排，给予其他必要的帮助。

汇编会议文件

做好会议文件汇编，关键在于收集和整理好会议文件和资料，明确汇编的要求。

一、收集与整理

会议文件的收集与整理是制作文件汇编的前提和基础。收集文件关键在于及时和完整。具体而言，一是及时。要及时收集需要汇编的文件和材料，会前形成的文件会前收集，会中形成的文件随时收集，会后形成的文件限期收集。二是完整。特别是需要后期整理的文件，在收集时要注意相关资料的充分性，如领导讲话既要收集会前确定的讲稿，也要收集现场专人记录的笔记，还要收集讲话录音录像资料，以便在会后整理讲话内容时保持原汁原味。

会后需要整理才能汇编的文件，主要有领导讲话、工作报告、会议纪要等。这里的整理是指不能简单直接地按照会前定稿或会中记录稿进行汇编的文件，要通过整理、补充、更正、综合、审定之后，方可汇编。整理会前定稿，关键是要把领导脱稿讲的内容准确地补充进去。在整理会议记录时，还需要注意以下几点：

- 谁记录，谁整理，最能保证原汁原味，完整准确；
- 记录和整理人应熟悉会议主题所涉及的专业领域；
- 既要保持发言讲话的原汁原味，又要注意不能过于口语化；
- 讲话中遣词造句不合语法、言辞啰唆或语义重复之处要更正；
- 整理讲话时，注意合理使用标点，避免表达歧义和标点错用；
- 截取或删除讲话录音时要谨慎，做好备份，以免文件丢失；
- 讲话录音时，应试录试听，确保正式录音的效果；
- 整理过的讲话稿需经领导本人审定同意，才能正式印发。

链接：常见的文件汇编类型

1. 现行文件汇编，即将本单位收发的文件按年逐件汇编；

2. 会议文件汇编，即把反映某一会议的文件集中汇编；

3. 政策法令汇编，即将一定时期内党和国家或本系统、本单位发布或制定的关于某一方面工作的重要法律、政策或制度性文件汇编起来；

4. 专题文件汇编，即把反映同一专门问题的文件汇编在一起。

二、汇编的要求

会议文件汇编主要用于传达和贯彻会议精神，汇编的文件主要有领导讲话、工作报告、会议纪要、人员名单、决议公告、相关法规等。汇编文件必须履行审批手续，不能乱编、滥发。汇编会议文件应注意抓住重点，及时印发，注意保密，编排合理。

- 汇编的领导讲话必须经本人审定，文件汇编中涉及上级机关文件的，应请示上级机关同意；
- 文件汇编发放的范围要严格限定，注意保密；
- 汇编中涉及保密文件的，文件汇编也应设定密级，且不低于保密文件密级；
- 选取与传达和贯彻会议精神相关的文件进行汇编，对业务工作没有指导意义的文件，尽量不编；
- 文件汇编的编排，须遵循一定的逻辑，形成有机整体，可以考虑根据文件的重要性或形成的时间先后进行排序；
- 文件汇编中除了汇编文件，还应设计目录，撰写汇编说明，以便相关人员更好地了解背景和查阅文件。

链接：中国共产党第二十次全国代表大会文件汇编

习近平：高举中国特色社会主义伟大旗帜　为全面建设社会主义现代化国家而团结奋斗——在中国共产党第二十次全国代表大会上的报告

中国共产党第二十次全国代表大会关于十九届中央委员会报告的决议

中国共产党章程（中国共产党第二十次全国代表大会部分修改，2022年10月22日通过）

中国共产党第二十次全国代表大会关于《中国共产党章程（修正案）》的决议

中国共产党第二十次全国代表大会秘书处负责人就党的二十大通过的《中国共产党章程（修正案）》答新华社记者问

十九届中央纪律检查委员会向中国共产党第二十次全国代表大会的工作报告

中国共产党第二十次全国代表大会关于十九届中央纪律检查委员会工作报告的决议

中国共产党第二十届中央委员会委员名单

中国共产党第二十届中央委员会候补委员名单

中国共产党第二十届中央纪律检查委员会委员名单

附录一（中国共产党第二十次全国代表大会议程、主席团成员名单、主席团常务委员会成员名单、秘书长名单、副秘书长名单、代表资格审查委员会成员名单）

附录二（中国共产党第二十届中央委员会第一次全体会议公报、中国共产党第二十届中央纪律检查委员会第一次全体会议公报）

附录三（中国共产党第十九届中央委员会第七次全体会议公报、中国共产党第十九届中央纪律检查委员会第七次全体会议公报）

报销会议费用

会议费用报销应坚持依据明确、项目规范、严守标准、实事求是的原则，按照结算、报销、决算三个步骤进行。

一、报销的原则

会议结束后及时结算和报销会议费用，应遵守以下基本原则：

（一）费用依据明确。即严格遵守会议经费管理相关法规，遵守双方签订的会议服务协议，遵守经审批同意的经费预算，还要遵守饭店行业惯例。

（二）报销项目规范。特别是党政机关会议费支出项目有明确规定，主要包括住宿费、伙食费、会议室租金、交通费、文件印刷费、医药费等。购置固定资产的费用、与会议无关的参观考察费用，以及消费娱乐费用等都不符合规定，不在报销范围之内。

（三）严格支出标准。会议的综合定额标准是会议费用开支的上限，应在综合定额标准内安排支出和报销，不同层次和规模的会议上限标准有所不同。此外，各项具体费用之间可适当调剂使用。

（四）坚持实事求是。确保报销票据真实和完整，不得虚报人数、天数，或报销与会议无关的费用。严禁借会议名义会餐或宴请，套取会议费用设立“小金库”，或在会议费用中列支公务接待费。

链接：公务卡管理新规定（摘录）[①]

2012年9月5日财政部、中国人民银行印发《关于加快推进公务卡制度改革的通知》。

《通知》规定：

一、全面实施公务卡制度改革

（一）中央各部门要加快将公务卡制度覆盖到所有基层预算单位。尚未实施公务卡制度改革的中央一级预算单位，要迅速启动改革，不迟于2012年9月底为本单位工作人员统一办理公务卡；尚未实施改革的二级以下中央预算单位，要确保2012年年底前为本单位工作人员统一办理公务卡。

（二）地方财政部门要加快将公务卡制度覆盖到县乡。在进一步扩大省、市两级改革覆盖面的同时，加大县乡预算单位改革的推进力度，确保2012年年底前将改革覆盖到所属各级基层预算单位。

（三）用卡环境尚不成熟的县乡，预算单位应根据实际情况为有用卡需要的公职人员办理公务卡。

二、报销的步骤

具体而言，报销费用主要包括三个步骤：

与会议饭店结算 ➡ 本单位财务报销 ➡ 编制和报送决算表

图5-1 会议费用结算报销流程

① http://www.gov.cn/zwgk/2012-09/27/content_2234031.htm.

（一）与会议饭店及时结算。

一是结算项目。主要是会议室租金、住宿费、伙食费、交通费等项，有时也会发生文件印制费、设置租赁费和医药费等。

二是核对费用。严格按照会前双方签订的会议服务协议结算，注意核对各项费用中的人数、天数、次数、费用标准和计算公式等信息，避免漏项、错项和重复计算。

三是额外支出。房间物品损坏、房卡丢失、长途话费等额外产生的费用，应先了解情况，一般由参会代表自行负担；如确需会议主办方负担的，可列入其他不可预见费用。

四是结算要求。会议饭店要提供正式发票、费用汇总清单、单项费用明细和住房流水单等相关票据，如有需要还应提供政府采购单；应采用支票、转账或公务卡支付方式结算，不得使用现金结算。

（二）回本单位财务部门报销。

一是报销项目。主要是与会议饭店结算的会议费，与其他单位发生的印制费、租车费、药费等，办会人员差旅费，支付给专家或临时聘用人员的劳务费，以及其他不可预见的费用。

二是报销流程。经办人员需在报销票据反面逐一签名和注明需要说明的情况，附上报销所需的协议、清单、流水单、小票、刷卡单等原始单据，送财务审核票据，报相关领导审批。

三是报销要求。尽量在会议结束后一周内完成报销；妥善保管原始票据，票据遗失或财务提出疑问的应书面说明情况；报销额度应严格按照预算执行，若实际支出超出预算的，应事先书面申请增补预算后再报销。

（三）编制和报送决算表。编制和报送决算表是与预算相对应的环节。会议决算要以预算为依据，坚持全面、准确、及时的原则，决算项目要与预算项目一致，决算的总支出要在预算总额度范围内。对决算费用低于预算较多的情况要及时总结经验，在以后的办会中继续坚持；对决算超出预算的情况要认真查找原因，总结教训，避免超预算情况再次发生。编制好的决算表要先送财务部门审核，报相关领导审批后，与预算一同存档备查。

评估和总结会议

评估和总结会议是会议绩效管理的两个阶段，评估是对会议绩效的评价与分析，总结是对会议绩效不佳的进一步研究和制定改进措施的过程。评估和总结会议都是为了会议绩效的改进。

一、评估会议工作

评估会议的意义。一是评估会议目标和任务的实现程度，需要做的决策做了没有，需要解决的问题解决了没有；二是分析会议管理成功的经验和存在的不足，为下一步客观总结会议和改进会议绩效奠定基础。评估的依据主观上就是参会领导和代表对会议工作的满意度，客观上就是会议的实际成果与预期情况之间的差距。

评估会议的内容，一方面是对会议要素的评估，另一方面是按照时间顺序，对会前筹备、会议组织和会后工作的评估。

如评价会议地点，可以考虑以下几点：

- 会议地点与会议性质和主题是否匹配；
- 会议城市的交通、气候等环境是否能满足会议需要；
- 饭店接待能力是否能满足会议需求；
- 会场设施条件和服务是否能满足开会的需要；
- 参会人员对会议地点的满意度。

常用会议评估方法，包括问卷调查、座谈会、个别访谈、电话调查、网络调查等。其中，最常用的方法是问卷调查，可以在短时间内收集较大规模

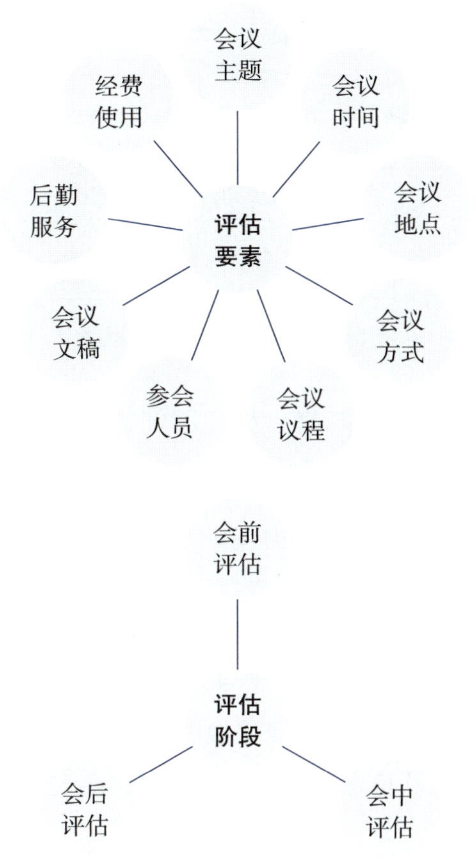

图5-2　会议评估的要素和阶段

的数据，同时反馈客观的评价和主观的建议，简便易行。问卷调查最好能在会议结束时同步完成，以便及时为总结会议提供依据。问卷设计要围绕会议任务，突出关键指标，兼顾全面调查，不要过于复杂，以便各类参会人员准确理解问卷，给予客观的评价。

会议评估流程主要有四步，如图5-3所示。其中，较为困难的是构建科学的评估指标体系，应特别注意的是，指标之间要逻辑关系清晰、体系完整，指标本身应含义明确、标准清楚。单个指标有几个评价等次，每个评价等次的依据是什么都要翔实合理，评估依据最好能既有抽象表述，又有数据和举例说明。

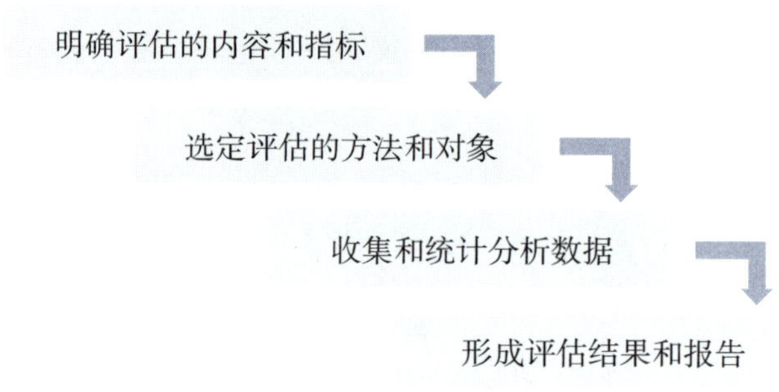

图5-3　会议评估四步流程图

会议评估是一个复杂的过程，从制定评估方案，收集分析评估数据，实施会议项目评估到评估后续工作，是一个系统工程，需要统筹考虑，分步实施。

（一）对于会议主题的评估。要重点考虑会议主题的现实意义（会议主题是否有效实现了会议目标、与会者对会议主题的认同度和满意度如何、与会者对会议主题有何意见等），会议主题与会议议程的关系（会议主题与议程的联系是否紧密，是否有偏离主题或者偷换主题的现象等），会议主题与会议效果的契合程度（会议主题是否突出了会议效果、会议主题是否利于会议目的的实现等）。

（二）对于会议议程的评估。重点要考虑每项议程的顺序是否合理恰当，是否需要进行调整，使会议更具连贯性、一致性和协调性。议程和日程的安排是否符合基本礼仪，特别是大型正规的国内和国际会议，比如，国庆招待会、少数民族成立庆典会等。每项议程和日程所安排的时间是否合理，是否有冗长拖沓等现象。

（三）对于会议代表的评估。重点关注的要素有：会议规模的策划是否合理，会议邀请范围是否与会议规模匹配，会议代表的权威性和专业性是否需提高，特邀代表的范围是否符合会议的需要，重要嘉宾是否发挥了应有作用等。

（四）对于会议时间、地点的评估。会议时间评估主要有两项内容，一是会议的时机是否合适、合理；二是会期是否符合议程、环境背景的要求。会议地点评估一是要关注举办地是否合适，符合规定，优势何在；二是会议场所的地段、安保、布局、环境、设施、服务等情况如何。

（五）对于会议接待服务的评估。一般涉及迎送注册工作、餐饮住宿服务、会场引导咨询、考察参观活动、同声翻译服务、会场饮水和茶歇，以及安保、医疗和突发事件应对服务等方面。

会议接待服务评估内容说明

序号	评估项目	具体内容
1	迎送注册工作	接送机、站工作安排是否合理，与会者是否满意
		与会者报到、注册是否方便快捷
		注册报到是否有助于信息收集、意见集中
2	餐饮住宿服务	餐饮是否符合与会者民族习惯和地域习惯
		饭菜质量、数量和检验检疫情况
		餐饮形式（围餐、桌餐、自助）是否有利于交流
		餐饮环境和服务状况
		住房设备设施硬件情况
		与会者对客房服务是否满意
3	会场引导咨询	会场内是否有专门的引导人员
		引导人员的着装、服务、礼仪情况
		会场指示标志是否清晰明了
		电梯、安全通道、卫生间的标志是否明确
		会场人员的咨询服务是否到位
4	考察参观活动	参观考察是否配合会议主题议题，时间、地点、规格如何
		会场、住地与考察地是否有交通摆渡
		参观考察点是否有典型性、代表性
		讲解和介绍工作是否恰当、高效
5	同声翻译服务	翻译服务是否满足与会者数量的需求
		翻译的设备、数量是否充足，操作是否简单
		翻译的准确性、及时性如何，与会者是否满意

续表

序号	评估项目	具体内容
6	会场饮水和茶歇	茶水服务的次数是否满足会议代表需要
		茶水服务的间隔时间是否恰当
		茶歇的位置是否合适
		茶水和茶歇品种、质量如何
7	安保、医疗和突发事件应对服务	是否有会议安保、医疗和突发事件应对预案
		是否进行过会前的演示、演练
		安保、医疗和应对的人防、物防、技防配置状况
		安保、医疗和突发事件的处置是否得当、高效

链接：不同阶段影响会议评估效果的主要因素[1]

会议是在具体的时间和空间举行的，各种因素对会议效果的影响是一个持续的过程。要举行成功的会议，从会议开始前到会议结束后都应注意各种因素的影响。为了更好地保护积极因素，排除消极因素，有必要对影响会议效果的各种因素加以评估，建立取舍标准，避免将时间浪费在不值得讨论的议案上。

一、会前效果评估

在会议举行前，以下因素会影响会议效果：

- 欠缺目标或目标不准确
- 欠缺议程
- 与会者人选不当，或者与会者人数太多或太少
- 会议时间、地点不当
- 开会的通知时间不当
- 开会通知的内容欠周详
- 会议场地设备欠佳
- 与会者没有做充分准备

① http://www.docin.com/p-1893577820.html.

- 未明确会议的终止时间以及每一项议题的时间分配
- 会议不准时开始
- 以前的会议太多，使与会者一听说要开会，都感到厌烦
- 开会次数太少，使每次会议的议题过多

二、会中效果评估

在会议进行中，影响会议效果的有如下因素：

- 在会中的交谊活动
- 外界的干扰
- 与会者离题
- 主持人离题
- 让没有必要留在会场的与会者留在现场
- 资料不充足，决策偏颇
- 少数人垄断会议
- 与会者之间交头接耳
- 与会者不表明真正的感受或意见
- 与会者之间争论
- 与会者与主席争论
- 视听器材发生故障
- 与会者欠缺热心
- 会议超出预定时间
- 主持人未能总结会议的成果

三、会后效果评估

会议结束后，经常会出现以下情况，应注意避免：

- 欠缺会议记录
- 对决议落实不力
- 不对会议的成败得失进行总结
- 不解散已完成任务的委员会或工作小组
- 与会者对会议感到不满

链接：云南××再生资源有限公司2019年度总结表彰大会评估报告

云南××再生资源有限公司2019年度总结表彰大会已于2019年12月30日圆满结束。为了总结办会经验，特对此次会议进行评估。现将有关情况报告如下：

一、会议基本情况

（一）会议名称：云南××再生资源有限公司2019年度总结表彰大会。

（二）会议主题：总结2019年工作，部署2020年任务，对先进员工进行表彰。

（三）会议时间和会期：2019年12月29日至30日；会期2天。

（四）会议场所及住宿地点：昆明市××酒店。

（五）参加会议人数：130人。

（六）会议餐饮：统一就餐10次、会间茶点3次。

二、对会议管理的总体评估

（一）会议计划周全、细致。会议计划考虑了时间、地点、会期、人员、会议通知、会议回执、经费预算、会议议程、会议日程表、代表注意事项、代表签到、代表证、会议交流材料、会议室布置、展位安排、现场观摩及户外活动衔接、欢迎词、开幕词、闭幕词、上级领导讲话、照相、住宿房间安排、票务、代表接送、车辆安排、医务、保卫、会议纪要、会议纪念品等方方面面的工作，尽可能做到万无一失。

（二）会议内容紧凑，会议结果圆满。在两天的正式会期中，合理排定了日程表和会议议程，包括经验交流、现场观摩和参观活动。4家分公司在会上作了经验交流发言；会议正式代表观摩了公司新的汽车维修基地；参观了钢材物流中心。完成了会议议程，达到了预期目的。

（三）会议经费控制有效。此次会议每人收取会务费800元（不含代表住宿和往返交通费），总计收入×万元。会议支出共计×万元，包括文件资料费、会议办公费、会议场租费、伙食费、会议交通费等。经费结余2500元，经领导同意，全部用于工作人员奖励。

（四）礼堂容纳200人左右，有专门的主席台，桌椅、音响、投影设备齐全。同时，礼堂入口处有500多平方米的空地，满足设备展出需要，且会场与展场联系紧凑，分与离适度，方便了交流，提高了会议效率。

（五）住宿条件优越。此次参加会议的代表多为分公司各部门的负责人，一般要求较高。但此酒店为四星级酒店，硬件和软件条件较好，满足了代表和厂商进餐、通信、商务谈判、休息、娱乐、安全等各方面的需求。

（六）参会人员较多。此次会议参加人员共130人。其中有来自全省16个州市分公司的领导32人，先进员工代表80人，公司领导6人，上级领导和主管部门的有关人员6人，工作人员6人。

（七）会议预订工作有效。为了做好会议的服务工作。会前，根据回执，向酒店预订了客房，向旅行社订购了代表返程机票和船票；按照每一餐不同的饮食要求，会前全部作了预订，并提前一天就餐饮的预订情况进行最终落实。

（八）会议室布置合理。会议设置了主席台、正式代表席、设备生产商和经销商代表席。主席台的座次按参会人员的职务规格排序，并在桌前放置了代表座签。主席台上方悬挂了会标，会场两侧悬挂了烘托气氛的标语。主席台前摆放了鲜花和绿色植物。同时，按照会议所需，设置了专门用于交流的发言席和进行新产品演示的投影仪和投影幕布。

（九）会议餐饮丰富。会议安排在大酒店用餐4次，另外，安排了会间茶点2次，专门采购了水果，分送到代表住宿的房间。

三、主要结论

（一）实现了预期的目标。这次会议明确了总目标和具体目标。对会议内容、会议议题、会议步骤和会议环境及如何最有效地利用时间做了充分的准备。设置了会务组、票务组、设备布展组、医务组，会务工作人员精干，效率高。会议安排的内容多，时间紧。会议过程中，进行了全面督办、检查和落实，达到了如期的效果。

（二）仍有需要改进的地方。这次会议会期短，内容多，时间紧，且会议第一天要完成90%的议题，大家感到十分紧张和疲惫。有些工作临时变更，预见性还需要加强。比如，代表合影本来是安排在上午会议结束后、就餐开始前进行，但因上级领导讲完话后要离开会场，合影临时调整到了上级领导讲话完毕后进行，略显唐突。

【范文点评】这是一篇对会议进行全面评价的报告，主要从3个部分进行了归纳和提炼。第一部分，从6个方面梳理了会议的基本情况，让人看后，对会议了然于胸。第二部分，对会议管理进行了总体评价，这是会议评估的重点内容，从9个方面分析了这次会议的情况，评估要素比较全面，核心内容全面具体。第三部分，也就是结论部分，肯定了会议的成绩，也指出了不足和需要改进的地方，客观、具体、公正、实事求是。

二、总结会议工作

总结与评估会议是会议绩效管理的两个不同阶段，容易混淆，主要有三方面区别，见下表：

评估会议与总结会议的区别

	评估会议	总结会议
定量与定性	评估多用定量分析，通过统计分析，获取对会议成效的评价。	总结多用定性分析，通过归纳提炼，梳理办会的经验和教训。
静态与动态	评估的内容、指标、等次、依据和流程等都是相对固定的。	总结的思路、语言，以及归纳出的经验和教训每次都有不同。
微观与宏观	评估的关键是一个一个的指标，单个指标相对微观，需要基于成体系的指标来做评估。	总结的关键是一条一条的经验和教训，相对宏观，每一条都可以用于直接指导实际工作。

总结会议的作用主要有两方面。一是总结经验和教训。通过总结、归纳和反思，才有可能提炼并发扬长处和优点，发现并改正问题，在今后不断提升办会质量。二是完成上级交办的工作。每个会议都有其特定的目的和任务，

包含上级的要求和意图。总结好会议的基本情况、主要特点、基本经验、存在的不足，以及对下一步工作的考虑，形成文稿向上级汇报。这样做既展现了工作业绩，也完成了上级交办的任务。

从内容来讲，会议总结要注意四个方面：一是总结经验，经验是反复实践和探索的产物，来之不易，要及时总结，传承发扬。二是总结不足，不足是一种特殊形态的经验，明确了未来努力的方向，要深刻剖析，逐一解决。三是总结创新，每一次办会都可能面对新任务、新情况，需要坚持创新思维和做法，评估其效果，以期发现新的办会经验和规律。四是总结思路，将明确改进会议管理工作的方向，只有搞清了思路，才能制定出切实可行的改进措施。

链接：会议总结范文和点评

根据省市教研室要求，我校组织本校语文组老师参加了省教研室组织的教研会议，收获良多，特总结如下：

一、倾听专家报告和经验介绍，受到了启发和震动

（一）关于提高教师解读文本和执教语文课堂的能力。会议上，有关专家提到了应该加强对经典篇目的解读，这对我们是有益的启发。经典篇目由于长期被教育名家研读、分析，似乎已经没有多少可以挖掘的东西了。但是，随着时代的变迁和教育教学理念的更新，对传统篇目的理解和分析会出现更多更新的角度和切入点，对文本的解读是没有止境的，如能找到合适的突破口，老课文也可以上出新意。

（二）学生不是教师完成讲课任务的道具。很多时候，我们讲课的时候更多地想到的是如何顺利地完成讲课任务，而不是学生在课堂上能学到多少东西。这个问题牵涉到教育最终为了谁这个终极命题。专家认为，真正适应学生的教育才是最好的教育，真正适应学生的课堂才是最好的课堂。那么，以此为标准，不管是教师的讲授还是学生的学习，都应以能不能促进学生的更好成长为标准。

（三）让中青年教师重视自身的成长。教师是成人，在工作之前受过多年

的教育，参加工作后也获得了不少有益的教学经验，但这并不表示教师就不需要学习和成长了。一个真正的教师应该始终是一个学习者，他有学习的渴望，不断试图超越自己，在不断的反思和否定中获得更好的成长。但在实际教学工作中，由于缺乏有效的指导和激励，很多教师喜欢靠经验教学，迷信老办法。不注重学习和研究，这是非常危险的，因为他极可能因为年龄的增长而逐渐和学生越走越远，最终丧失学生的信任和喜爱，那么，他的教学也就必然走向了失败。

（四）加强双基，强调多读多写。在平时的教学中，我们的讲授占据了很大的比重，仿佛不讲，这节课就没法进行，就白上了。这显然是认识上的不足，而且没有从长远的角度来看问题。只要我们稍微考查一下成年人的语文能力就会发现，我们在课堂上喋喋不休反复强调的东西，恰恰是在我们成年后最没有价值、最容易被忘掉的东西。在一个成年人身上，读写几乎是不可分的，而且也是最有价值的。一个人爱读书，写一点东西并不是什么难事，反过来说，一个擅长写的人，几乎也就是因为多读了几本书。在课堂上让学生更多地读，更有创意地表达是在为一个人的未来事业成功和人生幸福奠基的好事。

（五）避免语文知识教学的系统性和学术性。最近一段时期，由于中考的改革，语法、古代诗歌赏析等内容重新纳入了初中视野，很多老师开始进行相关的专项复习。但在复习中，因为对这类知识的考查水平和范围把握不准，很多学校和老师设计的练习题难度过大，甚至出现了直接使用高中试卷和公务员考试题目的现象，这些题目有的连老师本人都感到不好把握，又如何让学生把握呢？而且为了防止遗漏，很多训练都在追求帮助学生建立系统性的知识体系，这和初中生感性认识较强的特点是不相符合的，也是不合适的。

（六）不得挤占机动课时。这个问题在各个学段都是比较普遍的问题。关键是我们的教育对时间和课程的管理还存在漏洞。一方面是课堂效率不高，无法达到令人满意的状态；另一方面是对机动课时的处理缺乏办法，要么都推给班主任，让班主任疲于奔命，要么推给任课老师，变成授课和考试。而学校管理层为了减小管理上的难度和追求教学成绩，也默许和纵容了这种肆意打破课程方案的行为。

（七）防止集体讨论代替个人阅读。新课标倡导自主合作探究式的学习方式，但在实践中，合作被单独放大了，而自主却常常受到忽视，成为陪衬。很多课上，每当教师提出问题却冷了场，老师常常会要求学生开展小组合作讨论，而这种没有经过个人充分阅读的讨论过程，很有可能就变成了优等生利用思维优势打击、扼杀个性解读，强加于人的过程。没有为个人阅读留下必要的空间，这也许就是我们的课堂缺乏生机和创造性的原因。

二、观摩名师讲课，感到了加强学习和研究的必要

（一）迎难而上，方显名师的魅力。本次会议中，各位讲课老师所选择的课文都是老师们在日常教学中感到难以处理的篇目。讲课老师扎实的教学功底、良好的文学素养、精巧的教学设计、巧妙的点拨引导给与会的老师们留下了深刻的印象。这符合我们对名师的印象：他们总是能在让人挠头的时刻挺身而出，让我们重拾对教学智慧和教育未来的信心。他们不是在一块教学的薄板子上钻很多孔，而是在最厚的地方打一个洞。

（二）不是学生没有智慧，而是教师没有能力启发智慧。讲课老师的表现也让我们看到了差距：面对同样的学生和教学内容，为什么我们的课堂死气沉沉，缺乏亮点和高潮？我们平时在校内也有很多公开课，但却很少能上出这样精彩纷呈的好课，这是因为我们对课文缺乏研究，学习过于肤浅，对教材没有吃透，驾驭课堂的能力还很不足。也许我们不可能每节课都上得让人感到耳目一新，但每一个老师在一学期中上出一节好课，应该是完全可以做到的。如能长期坚持，假以时日，也许一个讲课能手就脱颖而出了。

三、会议的不足

（一）时间安排较短。会议的日程安排是一天半。其中顾之川先生的报告很有价值，但安排的时间明显偏短，三个问题只讲了两个，第三个问题“对教育的反思”因为时间关系没有展开，让老师们觉得有点遗憾。初、高中学段只安排了六节课，也显得不够厚重。我们认为，组织一次活动不容易，应该多请一些专家和教学能手来做报告、讲课，这对促进思想转变，推动教育改革是大有好处的。

（二）时间安排不够合理。可能是为了节省开支，会议采用的是全天制，

很多语文老师希望参加会议，但学校里有教学工作，实在脱不开身，只能听半天，下午匆匆赶回学校上课。为了弥补这一缺憾，我们只好让老师们排好班，轮流去听课，很多老师都为这样高质量的课不能多听而感到遗憾。

【范文点评】该会议总结从3个部分进行，一是畅谈了参加会议的主要收获，列举了7个方面的收获，一语破的，切中要害，读后很受启发。二是表达了参加这种类型会议的必要性和紧迫性，对与会代表的工作和成就给予了高度肯定，表达了深入全面学习的愿望和心理。三是指出了会议的主要不足，从时间和节奏2个方面，提出了下一步要改进的主要着力点。该会议总结简洁明了，说出了真情实感，道出了曲折原委，值得借鉴。

传达会议精神

传达会议精神以准确全面地学习、领会会议精神为基础，是贯彻落实会议精神的重要前提。传达会议精神要坚持速度、准度、效度和力度相统一。

一、传达要讲求速度

就是要及时传达，会后第一时间传达。传达会议精神是为了贯彻和落实，传达得越快，就能为贯彻落实争取更多的时间和资源，占得先机。这就要求在组织会议的过程中，时刻绷紧这根弦，及时收集和整理好会议文件，提前吃透会议的精神和要求。边开会，边形成传达的思路和要点。有的时候，会议尚未开始，就可以借助参与会议文件起草的机会，提前酝酿传达的基本思路，做好传达会议的筹备。

二、传达要讲求准度

就是要准确和全面地学习领会会议精神，坚持原原本本、原汁原味地传达会议精神。特别要注意以下几点：

一是不要添油加醋。领导在会上怎么说的就怎么传达，会议文件怎么写的就怎么传达，重要的内容要用原话和原文传达。既不能添油加醋，更不能丢三落四。

二是不要断章取义。要准确领会领导讲话和会议文件精神，坚持整体思维和全局思维，突破局部思维和部门利益的局限。不能孤立地理解会议文件中的某个数据、某块内容，不能片面地传达会议文件中的某些要求、某些任务。

三是不要趋利避害。话不能只拣好听的说，事不能只拣容易的做，要实事求是。对工作成绩的肯定和存在问题的剖析都要传达，对工作面临的机遇和困难都要传达，对本单位有利或不利的事情和要求都要传达，这样才能全面掌握情况，对工作形势、任务和可能遇到的问题做出客观的判断。

三、传达要讲求效度

就是会议精神传达的有效性，影响效度的因素主要有传达对象的范围和内容传达的程度。

所谓范围，就是要根据会议所涉及工作任务的相关性，将会议精神传达到一定层次和范围的人员。特别是涉密文件的传达，要特别注意保密要求，不可轻易扩大文件精神的知晓范围，以免泄密。

所谓程度，就是会议文件的内容是全面传达，还是要点传达。听取传达的人员，如果主要是单位高层管理人员，需要根据会议精神做出二次决策，创造性地开展工作，全面传达会议精神；如果主要是单位基层和一线人员，仅需要按照会议文件要求，执行会议决定，就可以抓住重点，传达主要精神即可。

会议精神的传达要能真正对实际工作的推进产生效果，还要结合本单位实际，领会会议精神。既要遵循会议精神，又要结合实际有所创新；既要按照统一要求部署工作，又要抓住重点明确抓手，以点带面，点面结合。

四、传达要讲求力度

会议精神传达是否能有力地推进会议精神的贯彻落实，谁来传达，以什么方式传达也很重要。重要的会议精神最好有单位一把手参加会议，并传达精神，这样更能从单位全局出发，统筹考虑；同时，也体现了对会议精神和要求的重视，引起普通员工对会议精神的高度关注。一般性会议精神可由单位分管相关工作的领导传达。

传达重要的会议精神最好采取专题会议的形式，单位领导班子和全体员工都参加，更显得郑重其事。此外，一般性会议精神也可以通过书面、口头等方式传达。

跟进会后工作

会后跟进工作主要是为了更好地贯彻落实会议精神，执行会议决定事项。会后，下级单位要制定可行的落实方案并组织实施，及时报告事项落实情况，上级单位要及时督办。

一、制定落实方案

制定科学可行的会议决定事项落实方案，要在准确和全面领会会议精神的基础上，充分认识落实工作的重要性，明确工作依据，精心组织力量，科学责任分工，合理设计进度，建立科学的沟通协调机制、考核评价机制和情况报告机制。方案中至少应包括指导思想、目标任务、工作原则、主要措施、组织保障和组织领导等要素。

落实会议决定事项要突出重点。重点事项的落实影响广泛、复杂程度高、领导关注度高，对其他事项的落实还起到示范和引领的作用。抓住重点，往往就能以点带面。

落实会议决定事项要创新方法。面对新形势，适应新常态，不断创新工作方法和思维方式，不因循守旧，不墨守成规，坚持创新政策、措施和流程，敢于冒风险和担责任，创造性地落实。

落实会议决定事项要依法落实。就是要依法遵规，遇到问题既要灵活处理，更要坚持原则；既要敢于创新，更要稳中求进。依法办事，既是一种基本的工作方法，更是落实工作不偏离正途的保障。

链接：国务院办公厅关于印发全国深化“放管服”改革优化营商环境电视电话会议重点任务分工方案的通知①

各省、自治区、直辖市人民政府，国务院各部委、各直属机构：

《全国深化“放管服”改革优化营商环境电视电话会议重点任务分工方案》已经国务院同意，现印发给你们，请结合实际认真贯彻落实。

国务院办公厅

2019年8月1日

链接：全国深化“放管服”改革优化营商环境电视电话会议重点任务分工方案②

党中央、国务院高度重视深化“放管服”改革、优化营商环境工作。2019年6月25日，李克强总理在全国深化“放管服”改革优化营商环境电视电话会

---

① http://www.gov.cn/zhengce/zhengceku/2019-08/12/content_5420694.htm.

② http://www.gov.cn/zhengce/content/2019-08/12/content_5420694.htm.

议上发表重要讲话，部署深化"放管服"改革，加快打造市场化法治化国际化营商环境。为确保会议确定的重点任务落到实处，现制定如下分工方案。

一、推动简政放权向纵深发展，进一步放出活力

（一）进一步放宽市场准入，缩减市场准入负面清单事项，清单之外不得另设门槛和隐性限制。（发展改革委、商务部牵头，国务院相关部门及各地区按职责分工负责）

具体措施：

1. 2019年9月底前修订形成新版市场准入负面清单，缩减清单事项，以服务业为重点试点进一步放宽市场准入限制。推行"全国一张清单"管理模式，建立全国统一的清单代码体系，严禁各地区、各部门自行发布市场准入性质的负面清单。（发展改革委、商务部负责）

2. 2019年修订《公平竞争审查制度实施细则（暂行）》，组织各地区、各部门完成存量文件专项清理，修改、废止一批不利于公平竞争的政策措施，加快研究制定实施竞争政策的指导意见。（市场监管总局牵头，各地区、各部门负责）

3. 2019年9月底前部署开展招投标领域专项整治，全面清理各级政府及有关部门规章、行政规范性文件和其他政策措施中对民营、外资企业投标设置不合理限制和壁垒的规定，纠正并查处一批不合理限制或排斥潜在投标人等违法违规行为。（发展改革委等国务院相关部门按职责分工负责）

4. 加强对各地区、各部门政府采购活动的指导和监管，清理政府采购领域妨碍统一市场与公平竞争的规定和做法。（财政部、市场监管总局负责）

（二）继续压减中央和地方层面设定的行政许可事项。2019年内中央层面再取消下放一批行政许可事项。对保留的许可事项要逐项明确许可范围、条件和环节等，能简化的都要尽量简化。（国务院办公厅牵头，各地区、各部门负责）

具体措施：

1. 2019年底前研究提出50项以上拟取消下放和改变管理方式的行政许可事项，清理简并多部门、多层级实施的重复审批。编制公布中央层面设定的行政

许可事项清单，逐项简化并明确许可范围、许可条件、许可有效期限等，细化审批标准、办理程序和时限等要求。（国务院办公厅牵头，国务院相关部门按职责分工负责）

2.组织清理规范地方层面设定的行政许可事项，2019年底前以省为单位集中统一公布地方层面设定的行政许可事项清单。（国务院办公厅牵头，各地区负责）

3.深化交通运输领域简政放权。简化道路客运经营许可事项和申请材料，精简道路货运从业驾驶员培训考试。优化机动车产品准入，依法整合汽车产品公告、强制性产品认证、环保型式核准目录、道路运输车辆燃料消耗量达标车型公告等，实现一次送检、全面检测、结果互认。2019年底前形成货车“三检合一”实施方案。（发展改革委、公安部、交通运输部、生态环境部、工业和信息化部、市场监管总局按职责分工负责）

（三）继续压减工业产品生产许可证，2019年把许可证种类再压减一半以上。（市场监管总局负责）

具体措施：

1.进一步调整工业产品生产许可证管理目录，2019年9月底前将发证产品种类从24类压减至12类以内，压缩发证层级，减少产品单元。对保留和退出目录的产品都要制定加强事中事后监管的措施。（市场监管总局负责）

2.2019年10月底前将强制性产品认证目录再压减30种以上，继续扩大“自我声明”评价方式实施范围，简化强制性认证管理程序，减少认证证书种类数量。（市场监管总局负责）

3.推动检验检测认证机构与政府部门彻底脱钩，鼓励社会资本进入检验检测认证市场。清理检验检测行政许可，实施统一的资质认定管理，加快实现检验检测认证结果在不同部门、层级和地区间互认通用，避免重复评价。（市场监管总局牵头，国务院相关部门按职责分工负责）

（四）大力清理简并种类过多、划分过细的资质资格许可事项。（人力资源社会保障部、自然资源部、住房城乡建设部、交通运输部等国务院相关部门按职责分工负责）

具体措施：

1. 推动技能人员水平评价类职业资格分批调整退出国家职业资格目录，2019年底前建立完善职业技能等级制度，推动实现由用人单位和第三方机构开展职业技能等级认定、颁发职业技能等级证书，政府不再颁发职业技能等级证书。对涉及国家安全、公共安全、生态环境安全、人身健康、生命财产安全的水平评价类职业资格，确需实施准入管理的，依照法定程序调整为准入类职业资格。2020年底前将国家职业资格数量再压减一半以上。（人力资源社会保障部牵头，国务院相关部门按职责分工负责）

2. 大幅压减企业资质资格认定事项，力争2020年底前将工程建设、测绘等领域企业资质类别、等级压减三分之一以上，凡是能由市场机制调节的一律取消，对保留的事项要精简资质类别、归并等级设置。探索对部分资质资格实行告知承诺管理。（自然资源部、住房城乡建设部、交通运输部、应急部等国务院相关部门按职责分工负责）

（五）整治各类变相审批，摸清备案、登记、年检、认定等部门管理措施的底数，并持续清理压减。对确需保留的实行清单管理，并向社会公开。（国务院办公厅牵头，各地区、各部门负责）

具体措施：

2019年底前启动清理规范中央层面规定的目录、备案、计划、规划、登记、注册、年检、年报、监制、认定、认证、审定等管理措施，依法依规取消变相审批，分类编制事项清单并明确办理规则和流程。2020年6月底前研究提出一批简化、优化的管理措施，改为通过信息共享等方式优化办事流程。（国务院办公厅牵头，国务院相关部门按职责分工负责）

（六）继续推进“证照分离”改革，重点是“照后减证”。（国务院办公厅、市场监管总局、司法部牵头，国务院相关部门按职责分工负责）

具体措施：

2019年底前在自由贸易试验区启动“证照分离”改革全覆盖试点工作，将中央层面和地方层面设定的涉企经营许可事项全部纳入改革范围，通过直接取消审批、审批改为备案、实行告知承诺、优化审批服务等四种方式分类推进改革，2020年下半年在全国推开。（国务院办公厅、市场监管总局、司法部牵头，相关地区及国务院相关部门按职责分工负责）

（七）进一步压减企业开办时间，2019年底前压减到5个工作日以内，有条件的地方要压减到3个工作日以内。（市场监管总局牵头，国务院相关部门及各地区按职责分工负责）

具体措施：

1. 加快电子营业执照、电子印章推广应用，简并现场登记环节。推广企业开办全程网上办，鼓励具备条件的地区加快实现开办企业时申领营业执照、刻制印章、申领发票、申领税控设备、社保登记、住房公积金开户登记等全流程网上申请和办理，现场“一窗”、一次领取企业开办全部材料。（市场监管总局牵头，公安部、住房城乡建设部、人力资源社会保障部、税务总局等国务院相关部门及各地区按职责分工负责）

2. 2019年底前建成全国统一的电子发票公共服务平台，为纳税人提供免费的电子发票开具服务，加快电子发票的推广应用。尽快研究推进增值税专用发票电子化。2019年底前将纳税人办税事项、纳税时间再压减10%，70%以上办税事项实现一次办结。（税务总局、财政部按职责分工负责）

（八）进一步完善市场主体退出机制，促进优胜劣汰。（发展改革委牵头，国务院相关部门及各地区按职责分工负责）

具体措施：

1. 2019年8月底前推动各地建成企业注销网上服务专区，实现企业注销“一网”服务。推行税务注销分类处理，大幅简化社保、商务、海关等注销手续，压缩企业注销时间。推进企业简易注销登记试点，对于被终止简易注销登记的企业，允许其符合条件后再次依程序申请简易注销。（市场监管总局牵头，人力资源社会保障部、商务部、海关总署、税务总局等国务院相关部门及各地区按职责分工负责）

2. 推动各地研究建立办理破产工作统一协调机制，统筹推进破产程序中的业务协调、信息共享等工作。研究建立自然人破产制度，重点解决企业破产产生的自然人连带责任担保债务问题。（发展改革委牵头，国务院相关部门及各

地区按职责分工负责）

（九）全面开展工程建设项目审批制度改革，压减审批时间和环节，在确保实现将审批时间压减到120个工作日以内的基础上，有条件的地方要进一步压减审批时间。（住房城乡建设部牵头，国务院相关部门及各地区按职责分工负责）

具体措施：

1.继续开展工程建设项目审批制度全流程、全覆盖改革，大力精简工程建设项目审批环节和事项，分类优化审批流程，实施联合审图和联合验收等。在试点地区探索取消施工图审查（或缩小审查范围）、实行告知承诺制和设计人员终身负责制，并加强事中事后监管。2019年底前在东部沿海地区率先实现“互联网+工程审批”，在全国基本实现“一窗受理、并联办理”。（住房城乡建设部牵头，国务院相关部门及各地区按职责分工负责）

2.推进环评制度改革，对不涉及有毒有害及危险品的仓储、物流配送等一批基本不产生生态环境影响的项目，统一不再纳入环评管理。试点对环境影响小、风险可控的项目，简化环评手续或纳入环境影响登记表备案管理，2019年底前将项目环评审批时间压缩至法定时限的一半。（生态环境部牵头，国务院相关部门及各地区按职责分工负责）

3.推进用地规划“多审合一、多证合一”改革，合并用地预审和规划选址，整合建设用地规划许可证、建设用地批准书、国有土地划拨决定书，2019年底前减少用地规划相关证照，压缩办理时限。（自然资源部及各地区按职责分工负责）

（十）治理各种不合理收费，防止地方非税收入非正常增长、抵消减税降费的政策效果，决不能再增加收费项目，确保减税降费的目标落实到位。（财政部、发展改革委、民政部、税务总局、市场监管总局等国务院相关部门及各地区按职责分工负责）

具体措施：

1. 2019年9月底前组织开展减税降费政策实施效果监督检查工作，重点关注非税收入增速异常和乱收费等情况，坚决纠正违规开征、多征、预

征非税收入的行为，坚决查处乱收费、乱罚款和各种摊派等问题。（财政部负责）

2. 治理政府部门下属单位、行业协会商会、中介机构等涉企收费行为，坚决清理整治乱收费和第三方截留减税降费红利行为。动态调整行政事业性收费和实行政府定价的经营服务性收费目录清单，全面公示收费项目、标准和依据。2019年9月底前制定出台进一步加强和改进行业协会商会收费管理的有关文件。（发展改革委、市场监管总局、工业和信息化部、民政部、财政部等国务院相关部门按职责分工负责）

3. 降低企业物流成本，督促各地做好口岸收费目录清单公示，整治港口、船公司、物流堆场、货代、船代等乱收费、不合理收费行为，2020年底前将全国单个集装箱进出口环节常规收费压减至400美元以内。清理铁路、水路的货运和客运杂费，降低收费标准，2019年底前公布收费和处罚事项清单。（交通运输部、海关总署、发展改革委、财政部、市场监管总局、铁路局等国务院相关部门及各地区按职责分工负责）

4. 2019年底前开展降低融资收费专项清理行动，规范中小企业融资时强制要求办理的担保、保险、评估、公证等事项，减少融资过程中的附加费用。（银保监会牵头，国务院相关部门按职责分工负责）

二、加强公正监管，切实管出公平

（十一）有关部门要分领域抓紧制订全国统一、简明易行的监管规则和标准，并向全社会公开。抓紧清理规范和修订完善那些边界宽泛、执行弹性大的监管规则和标准。（国务院相关部门按职责分工负责）

具体措施：

1. 2019年底前对已取消下放的行政许可事项事中事后监管措施落实情况进行全面评估，按照法律规定和“三定”规定确定的监管职责，进一步明确相应的事中事后监管措施，确保监管全覆盖。（各地区、各部门负责）

2. 2019年9月底前制定出台加强和规范事中事后监管的指导意见，落实放管结合、并重的要求，建立健全适合我国高质量发展要求、全覆盖、保障安全的事中事后监管制度。（国务院办公厅、市场监管总局负责）

3. 2019年底前对现有的主要监管规则标准进行修订完善，尽可能消除模糊和兜底条款，并依法依规向社会公开。在市场监管、生态环境保护、交通运输、农业农村、文化市场等行政执法领域分别制定规范执法自由裁量权的办法，明确法律依据和处罚标准。（生态环境部、交通运输部、农业农村部、文化和旅游部、市场监管总局等国务院相关部门及各地区按职责分工负责）

4. 2019年底前对现有涉企现场检查事项进行全面梳理论证，通过取消、整合、转为非现场检查等方式，压减重复或不必要检查事项，着力解决涉企现场检查事项多、频次高、随意检查等问题。持续清理规范行政处罚事项，对重复处罚、标准不一、上位法已作调整的事项及时进行精简和规范。（国务院相关部门及各地区按职责分工负责）

5. 全面落实行政执法公示、执法全过程记录、重大执法决定法制审核三项制度，2020年底前基本实现各级行政执法机关及时准确公示执法信息、执法全过程留痕和可回溯管理、重大执法决定法制审核全覆盖。（司法部牵头，国务院相关部门及各地区按职责分工负责）

（十二）完善“双随机、一公开”监管制度和工作机制，推动日常监管“双随机、一公开”全覆盖。（市场监管总局牵头，国务院相关部门及各地区按职责分工负责）

具体措施：

推进“双随机、一公开”跨部门联合监管，以省为单位建立统一的监管平台，实现各部门监管信息与省级平台互联互通。2019年底前市场监管部门完成双随机抽查全流程整合，实现“双随机”抽查覆盖企业比例达5%。2020年底前在市场监管领域实现相关部门“双随机、一公开”监管全覆盖，地方各级人民政府相关部门联合“双随机、一公开”监管常态化。（市场监管总局牵头，国务院相关部门及各地区按职责分工负责）

（十三）对重点领域进行重点监管，特别是对疫苗、药品、特种设备、危险化学品等涉及人民生命安全、社会关注度高的领域，要实行全主体、全品种、全链条严格监管。（应急部、市场监管总局、药监局等国务院相关部门及各地区按职责分工负责）

具体措施：

1. 加快研究建立违法严惩制度、惩罚性赔偿和巨额罚款制度、内部举报人奖励制度等，提高重点监管效能，让严重违法者付出高昂成本。（市场监管总局牵头，国务院相关部门按职责分工负责）

2. 2019年11月底前组织开展危险化学品质量安全风险隐患排查和专项整治。（市场监管总局等国务院相关部门及各地区按职责分工负责）

3. 建立疫苗生产企业巡查检查制度，实施对全部在产疫苗生产企业全覆盖检查。推行向疫苗生产企业派驻检查员制度。开展中药饮片质量专项整治。加强对国家组织药品集中采购和使用试点中标品种的日常监管、产品抽检和不良反应监测，督促企业落实主体责任。（药监局牵头，国务院相关部门及各地区按职责分工负责）

4. 开展打击欺诈骗保专项治理活动，实现对全国定点医疗机构和零售药店监督检查全覆盖，公开曝光欺诈骗保典型案例。（医保局负责）

（十四）加强社会信用体系建设，大力推进信用监管，推行承诺制，让市场主体和公民讲诚信，自主承诺。对违背承诺、搞虚假承诺甚至坑蒙拐骗的，一经发现要严厉惩罚。（发展改革委、人民银行、市场监管总局牵头，国务院相关部门及各地区按职责分工负责）

具体措施：

1. 规范认定并设立市场主体信用“黑名单”，建立健全信用修复、异议申诉等机制。2019年底前修订《严重违法失信企业名单管理暂行办法》，完善经营异常名录和严重违法失信企业名单管理等制度。（发展改革委、市场监管总局等国务院相关部门按职责分工负责）

2. 围绕信用承诺、信用修复、失信联合惩戒、信用大数据开发利用等工作，2020年启动信用建设和信用监管试点示范。（发展改革委牵头，各地区、各部门负责）

3. 2020年底前建立全国统一的信用报告标准，推动信用报告结果实现异地互认。（发展改革委、人民银行牵头，各地区、各部门负责）

4. 依托国家“互联网+监管”等系统，有效整合公共信用信息、市场信用信息、投诉举报信息和互联网及第三方相关信息，充分运用大数据、人工智能等新一代信息技术，加快实现信用监管数据可比对、过程可追溯、问题可监测。（国务院办公厅、发展改革委、市场监管总局牵头，各部门按职责分工负责）

5.建立完善以信用为基础的新型海关监管机制，根据企业信用等级实施差别化通关监管措施，2019年底前出台对跨境电子商务等企业的认证标准。（海关总署负责）

6.推进知识产权领域信用体系建设，研究制定知识产权（专利）领域严重失信联合惩戒对象名单管理办法。加强对商标抢注和恶意注册、非正常专利申请等行为的信用监管。研究制定规范商标注册申请行为的有关规定。（知识产权局负责）

（十五）加快推进“互联网+监管”，及时总结推广地方好的经验做法，提高监管及时性、精准性、有效性。（国务院办公厅牵头，国务院相关部门及各地区按职责分工负责）

具体措施：

1. 2019年9月底前完成国家“互联网+监管”系统主体功能建设并上线运行，归集共享各类监管数据，建立完善相关风险预警模型，实现对违法行为早发现、早提醒、早处置。（国务院办公厅负责）

2.加快推进地方和部门“互联网+监管”系统建设并与国家“互联网+监管”系统对接联通，推动形成统一规范、信息共享、协同联动的全国“互联网+监管”体系。（国务院办公厅牵头，各地区、各部门负责）

（十六）坚持对新兴产业实施包容审慎监管，在监管中找到新生事物发展规律，该处置的处置，该客观对待的客观对待，不简单封杀，但也决不能放任不管，推动新业态更好更健康发展。（国务院相关部门及各地区按职责分工负责）

具体措施：

1. 2019年8月底前出台促进平台经济规范健康发展的指导意见，加大政策支持力度，创新监管方式，落实和完善包容审慎监管要求，推动建立健全适应

平台经济发展特点的新型监管机制。（国务院办公厅牵头，国务院相关部门及各地区按职责分工负责）

2.优化新业态发展环境，放宽新兴行业企业名称登记限制，完善互联网平台企业用工、灵活就业人员相关政策，加强政府部门与互联网平台数据共享，2019年底前建成全国一体化在线政务服务平台电子证照共享服务系统。鼓励各地探索适应新业态特点、有利于公平竞争的公正监管办法，更好支持新业态发展。（国务院办公厅、市场监管总局、人力资源社会保障部等国务院相关部门及各地区按职责分工负责）

三、大力优化政府服务，努力服出便利

（十七）切实增强服务意识，不断提升服务能力和水平，大力提升政务服务效率，针对群众办事来回跑、环节多材料多、政府服务效率低等问题，对政务服务流程、方式进行系统化改革。（国务院办公厅牵头，国务院相关部门及各地区按职责分工负责）

具体措施：

1. 2019年9月底前制定出台建立政务服务“好差评”制度有关指导意见，倒逼各级政府部门不断改进工作。（国务院办公厅负责）

2.加快实现公安、市场监管、住房城乡建设、税务、司法、民政等部门信息与不动产登记信息共享集成。对登记中涉及多个部门交叉办理的事项，通过信息化手段整合集成业务流程，2019年底前在全国基本实现“一窗受理、并行办理”，东部沿海地区力争率先实现办理一般登记、抵押登记时间压缩至5个工作日以内；2020年底前“互联网+不动产登记”在地级及以上城市全面实施，办理一般登记、抵押登记时间力争全部压缩至5个工作日以内。（自然资源部牵头，国务院相关部门及各地区按职责分工负责）

3.提升跨境贸易便利化水平，加强国际贸易“单一窗口”与银行、保险、民航、铁路、港口等相关行业机构合作对接，2019年底前实现主要申报业务应用率达100%。进一步精简进出口环节监管证件数量，加快推行进出口“提前申报”、“两步申报”通关模式和无纸化通关作业。（海关总署牵头，交通运输部、银保监会、民航局、铁路局等国务院相关部门及各地区按职责分工负责）

4.试点建立统一的现代动产担保系统，2020年底前力争整合各类动产登记和权利担保登记系统，实现企业担保在一个平台上登记，各相关部门按职责分别实施后台监管。（人民银行牵头，交通运输部、市场监管总局、知识产权局等国务院相关部门按职责分工负责）

5.扩大异地就医结算范围，2019年底前基本实现异地就医患者在定点医院住院持卡看病、即时结算，2020年底前基本实现符合条件的跨省异地就医患者在所有定点医院能直接结算。（医保局及各地区按职责分工负责）

6.加快建成全国统一的社会保险公共服务平台，实现个人权益记录查询、自主认证、养老保险待遇测算、社保卡应用状态查询等“一站式”功能，全面取消领取社保待遇资格集中认证，优化社保卡服务，加快推进电子社保卡。2019年底前实现养老保险关系转移接续业务网上办理。（人力资源社会保障部及各地区按职责分工负责）

7.推广商标和专利电子化申请，2019年底前将高价值专利审查周期压缩至17.5个月、商标注册平均审查周期压缩到5个月，消减发明专利审查积压10万件。（知识产权局负责）

8. 2019年10月底前改进优化来华工作外国人入境和居留管理制度办法，优化外国人来华相关审批、审查服务，压减办理时间。同时，向全社会开放出入境证件身份认证服务平台，为境内港澳居民、华侨持用出入境证件办理金融、教育、医疗等社会事务提供便利。（公安部、科技部、人力资源社会保障部、移民局按职责分工负责）

9. 2020年6月底前全面推广证明事项告知承诺制。进一步改进和规范基层群众性自治组织出具证明工作，解决群众反映强烈的“万能居委会”、“社区万能章”等问题。（司法部、民政部按职责分工负责）

（十八）依托全国一体化在线政务服务平台，加快打造全国政务服务“一张网”，实现更大范围“一网通办”、异地可办、“掌上可办”，确需到现场办的再到政务服务大厅办理。在办理政务服务事项过程中要注意保护商业秘密和个人隐私。（国务院办公厅牵头，国务院相关部门及各地区按职责分工负责）

具体措施：

1. 2019年9月底前上线运行以国家政务服务平台为总枢纽的全国一体化在线政务服务平台，建立完善全国一体化在线政务服务平台标准规范体系、安全保障体系和法规制度体系，在更大范围实现“一网通办”、异地可办。2019年底前首批推动10种高频电子证照全国标准化应用和互信互认，推动100项以上政务服务事项在各省（区、市）内和跨省（区、市）实现“一网通办”。2020年底前基本完成对依申请办理的政务服务事项名称、编码、依据、类型等基本要素和办事指南要素在国家、省、市、县四级统一。（国务院办公厅牵头，各地区、各部门负责）

2. 更大力度推动央地数据共享，建立权威高效的数据共享协调机制，2019年再新增拓展1000项共享数据，将直接关系到企业和群众办事、应用频次高的数据优先纳入共享范围，满足30项以上全国普遍性高频政务服务事项的数据共享需求。加快推进“互联网+可信身份认证”平台、全国人口信息社会应用平台等多种网上身份认证能力融合，为全国一体化在线政务服务平台提供统一身份认证支撑。（国务院办公厅、发展改革委、公安部按职责分工负责）

3. 提升政务服务大厅“一站式”功能，2019年底前政务服务事项进驻综合性实体政务服务大厅基本实现“应进必进”，70%以上政务服务事项实现“一窗”分类受理。推动政务服务大厅与政务服务平台全面对接融合。（国务院办公厅牵头，各地区、各部门负责）

（十九）一些带有垄断性质的供电、供水、供气、供暖等公用事业单位及医院、银行等服务机构，要从方便市场主体和人民群众出发，提高服务质量和效率，大幅压减自来水、电力、燃气、供暖办理时间，提高相关政策透明度，大力推行APP办事、移动支付等。（发展改革委、住房城乡建设部、水利部、卫生健康委、人民银行、银保监会、能源局等国务院相关部门及各地区按职责分工负责）

具体措施：

1. 2019年底前研究制定规范水电气暖等行业收费、管理、服务等方面的综合性意见。（发展改革委牵头，住房城乡建设部等国务院相关部门按职责分工

负责）

2.进一步压减办电时间，加快推广低压小微企业用电报装“三零”（零上门、零审批、零投资）服务，2019年底前在全国各直辖市、省会城市实现低压小微企业用电报装“三零”服务，将办电时间压缩至30个工作日以内。地方政府要大幅压缩电力接入工程审批时间。研究建立针对供电企业停电超过一定频次和时间的处罚机制。（能源局及各地区按职责分工负责）

3.优化水气报装服务，指导地方落实新修订的《城镇供水服务》、《燃气服务导则》等国家标准，将水气设施报装提前到施工许可证核发后即可办理，2019年底前将供水新增、扩容改装的报装时间分别压缩至20个、15个工作日以内，将燃气报装时间压缩至16个工作日以内，大幅压减报装、安装费用。（住房城乡建设部、发展改革委及各地区按职责分工负责）

4.指导督促商业银行优化服务，2019年底前解决银行卡解绑和异地注销难、“睡眠卡”收费不透明等一批群众反映强烈的问题，加快推动解决继承财产支取难问题。优化电信服务，持续推进降低电信收费、异地销户、携号转网等工作。持续优化老年证、居住证、流动人员人事档案管理等证件或手续办理流程，减少公用企事业单位索要的证明材料。（银保监会、工业和信息化部、公安部、民政部、卫生健康委、人力资源社会保障部、发展改革委、住房城乡建设部、司法部等国务院相关部门及各地区按职责分工负责）

（二十）大力发展服务业，采用政府和市场多元化投入的方式，引导鼓励更多社会资本进入服务业，扩大服务业对外开放，结合城镇老旧小区改造，大力发展养老、托幼、家政和“互联网+教育”、“互联网+医疗”等服务，有效增加公共服务供给、提高供给质量，更好满足人民群众需求。（发展改革委、教育部、民政部、住房城乡建设部、商务部、卫生健康委等国务院相关部门及各地区按职责分工负责）

具体措施：

1. 2019年8月底前制定出台加快发展“互联网+社会服务”的意见，提出进一步推进“互联网+”与教育、健康医疗、养老、文化、旅游、体育、家政等领域深度融合发展的政策措施，充分发挥社会领域公共服务资源作用，创新服务模式，更好惠及人民群众。（发展改革委牵头，教育部、民政部、商务部、文化和旅游部、卫生健康委、体育总局等国务院相关部门按职责分工负责）

2. 结合城镇老旧小区改造，深入落实养老、托幼、家政等服务业有关政策意见。推进建设城乡便民消费服务中心，进一步扩大建设范围和数量，鼓励建设社区生活服务中心，在城乡社区推动包括家政服务在内的居民生活服务业发展，更好满足群众需要。支持社会力量发展普惠性托育服务，增加普惠性托育服务有效供给，促进婴幼儿照护服务标准化、规范化发展。（住房城乡建设部、商务部、民政部、卫生健康委、发展改革委等国务院相关部门按职责分工负责）

3. 2020年底前落实互联网诊疗和互联网医院管理相关政策，推动二级以上医院普遍提供分时段预约诊疗、诊间结算、移动支付等服务。探索建立老年人长期护理需求认定和等级评定标准体系，加强医疗护理员培训，促进老龄健康服务业发展。（卫生健康委、医保局按职责分工负责）

四、强化责任担当，确保“放管服”改革不断取得新成效

（二十一）抓紧研究制定《优化营商环境条例》，为营商环境建设提供法治保障。2019年要开展营商环境百项诉求处理行动，破解一批营商环境痛点难点。（发展改革委、司法部、国务院办公厅牵头，国务院相关部门及各地区按职责分工负责）

具体措施：

1. 抓紧研究制定《优化营商环境条例》，2019年8月底前完成向各有关方面征求意见和法规审查工作、形成草案，9月底前公布实施。（发展改革委、司法部、国务院办公厅牵头，国务院相关部门按职责分工负责）

2. 围绕开办企业、办理建筑许可、获得电力、登记财产、纳税、跨境贸易等优化营商环境重点领域，搜集一批企业和群众反映强烈的问题，2019年底前推动各地区、各部门研究出台具体解决措施。（发展改革委牵头，国务院相关部门及各地区按职责分工负责）

3. 对标国际先进水平，聚焦营商环境关键领域和薄弱环节，研究制定优化营商环境重点任务台账，并抓好落实。（财政部、国务院办公厅牵头，国务院

相关部门及各地区按职责分工负责）

（二十二）鼓励支持各地大胆创新，及时指导帮助地方解决改革中遇到的难题。要进一步加大向地方放权特别是综合授权的力度，充分调动和发挥地方推进改革发展的积极性、主动性和创造性。（国务院相关部门及各地区按职责分工负责）

（二十三）对滞后于改革要求、不利于优化营商环境、制约新产业新业态新模式发展的有关规定，要加快清理修改。对与改革决策相抵触的行政法规、部门规章和行政规范性文件，要应改尽改、应废尽废。涉及修改法律的，要与改革方案同步提出修法建议。各地区可通过制定地方性法规、规章，将实践证明行之有效、人民群众满意、市场主体支持的改革举措固化下来。（各地区、各部门负责）

（二十四）要把“放管服”改革、优化营商环境各项举措落实情况，作为2019年国务院大督查的重点。继续用好督查奖惩这个有效办法，对成效明显的加大表扬和政策激励力度，对不作为、乱作为延误改革的要严肃问责。（国务院办公厅牵头，各地区、各部门负责）

各地区、各部门的贯彻落实情况，年底前书面报国务院。工作中取得的重大进展、存在的突出问题要及时报告。

【范文点评】该分工方案目的是落实李克强总理2019年6月25日在全国深化“放管服”改革优化营商环境电视电话会议上的重要讲话精神，部署深化“放管服”改革，加快打造市场化、法治化、国际化营商环境，确保会议确定的重点任务落到实处而制定的。方案从推动简政放权、加强公正监管、优化政府服务、强化责任担当4个方面，明确了24个方面的任务，出台了70项具体措施，涉及中央国家机关有关部门和各地方政府。方案行文及时，结构科学、内容具体，逻辑清晰，要求明确，有责任主体、有任务安排、有时间要求、有督促检查，内容多，举措实，可操作性强。

二、报告落实情况

及时报告落实情况，是上级领导了解会议精神贯彻落实情况，协调解决存在的问题，推动各项落实工作的主要前提。报告落实情况至少应包括以下方面：工作的进展情况、取得的主要成绩、急需解决的问题及其成因分析、进一步推进落实工作的思路和措施。报告可采用书面报告、召开专题汇报会，或由下级单位领导前往上级单位面对面口头汇报等方式。

报告工作落实情况，一要坚持及时全面和实事求是的原则，多用数据和实例说话，数字要准，实例要清。二要坚持全面与重点报告相结合，情况、成绩、问题、措施都要报，又要突出存在的问题，寻求上级单位支持，不可一味讲成绩。三要坚持定期与不定期报告相结合，进展情况定期报，遇到的重要问题不定期第一时间上报，以免事态发展，后果严重。四要坚持务实与务虚相结合，情况要实、问题要实、措施要实，同时要明确指导思想、改进思路等务虚的内容，虚实结合。

三、督办落实工作

督办是为了确保会议决定事项全面高效地落实完成。督办的目的在于督促和指导下级单位加快工作落实进度，解决问题和困难，总结经验和教训。督办落实要坚持实事求是、务求结果、注重时限等原则。

督办落实的类型可以是专项督办、联合督办等，督办落实的方式可以是书面督办、电话督办、现场督办等。督办工作一般由上级单位综合行政管理部门具体负责，专业性较强的督办工作应交由相关的专业部门负责，或相关部门联合督办。

督办部门应根据督办事项的完成时限，及时向下级单位发送催办函或电话催办，讲明催办的具体事项、工作要求和完成时限，并要求下级单位及时上报催办事项工作进展；电话催办相对于书面催办更为便捷，有利于双向沟通；人对人督办，有利于及时掌握催办进展和问题。重要事项的督办还可派督查组前往下级单位现场办公，面对面督办，掌握第一手情况，第一时间发现问题。

链接：不断加强和创新政府监督检查工作[1]

关键词一：出台工作条例

2020年12月1日国务院第116次常务会议通过《政府督查工作条例》，这是我国政府督查领域的第一部行政法规，是优化行政监督体制、健全党和国家监督体系的重要立法成果。2021年2月，国务院办公厅印发《关于贯彻实施〈政府督查工作条例〉进一步加强和规范政府督查工作的通知》。《通知》明确，政府督查要坚持以习近平新时代中国特色社会主义思想为指导，增强“四个意识”、坚定“四个自信”、做到“两个维护”。要坚持党的领导、问题导向、辅政建言、奖惩并举、统筹规范和协同配合。

关键词二：开展国务院大督查[2]

自2014年起，国务院每年组织一次大督查，旨在推动党中央、国务院重大决策部署和政策措施贯彻落实。2021年9月第八次大督查，国务院16个督查组分赴16个省（区、市）开展了实地督查。督查发现部分地方和单位在减税降费助企纾困、扩内需保就业保民生、深化“放管服”改革优化营商环境、推进乡村建设、推动审计查出问题整改等方面还存在薄弱环节。2022年9月，国务院办公厅发出通报，对国务院第九次大督查发现的60项典型经验做法给予表扬，旨在进一步调动和激发各方面干事创业、改革创新的积极性、主动性和创造性，推动形成攻坚克难、奋勇争先的良好局面。

---

① 来源：中国政府网https://www.gov.cn/xinwen/2021-02/10/content_5586695.htm。

② 来源：中国政府网https://www.gov.cn/hudong/ducha/2021-11/18/content_5651454.htm。
https://www.gov.cn/xinwen/2022-09/28/content_5713431.htm.

关键词三：创新“互联网+督查”①

为深入推动党中央、国务院重大决策部署和政策措施贯彻落实，按照国务院关于实施“互联网+督查”的工作部署，国务院办公厅自2019年4月起设立国务院“互联网+督查”平台，开通国务院“互联网+督查”小程序，围绕中央经济工作会议部署和《政府工作报告》提出的目标任务，面向社会征集问题线索或意见建议。平台开通的前两年就实现上亿次的平台访问量、千万量级的留言，根据受理范围推动解决实际问题10万余个，成为国内覆盖面最广、影响力最大、社会参与度最高的政府监督平台。

① 来源：中国政府网 https://tousu.www.gov.cn/dc/index.htm。

https://www.gov.cn/xinwen/2021-04/25/content_5602082.htm.

伍

场景五 常见会议的操练

办公会

现场会

座谈会

新闻发布会

动员会

董事会

网络视频会

所谓常规会议，就是工作中经常遇到，作为机关工作人员经常需要参与和组织的会议。这里列举七种常规会议，分别介绍。

办公会

办公会属于单位内部领导会议，主要是为了总结前一阶段工作，部署下一阶段工作，讨论需要集体研究决定的重大事项。办公会一般定期召开，常为每周一次，所以又称“周例会”，如遇重大事件或紧急情况可临时召开会议。参会人员主要是本单位领导班子成员，办公室人员和会议议题相关部门人员也要列席会议。办公会一般由本单位主要负责人召集和主持，如遇主要负责人因故不能参加，也可委托其他领导班子成员召集和主持。

办公会组织流程如图6-1所示。其中需要特别说明的是收集议题、确定议程、协调时间三个环节。

会前	收集议题	确定议程	协调时间
会中	布置会场	主持会议	会议记录
会后	撰写纪要	印发文件	落实工作

图6-1　办公会组织流程

一、收集议题

及时收集议题是开好办公会的第一步。议题的收集要注意以下几点：

一是充分收集。即要在会前充分收集议题，向每一位领导班子成员收集议题，不要有遗漏。

二是抓住重点。即议题所涉的应是较为重要的事项，确需领导班子集体研究决定，分管领导个人无权决定该事项。此外，还可向各部门负责人和下级单位主要领导征集议题。

三是权衡利弊。充分考虑议题所涉及的部门和利益关系，判断是否适合在办公会层面解决所涉及的问题，比如，条件是否成熟、公开讨论是否合适、有没有负面影响等。

二、确定议程

科学确定议程是开好办公会的重要前提。不是所有的议题都应该在办公会上研究，也不是全部议题都要在一次办公会上商议。确定一次办公会的议题，需要坚持以下几个原则：

一是该不该上会。分管领导能决定和处理的事项就不要上会。

二是急不急于上会。在议题众多的情况下，要分轻重缓急，紧急的议题先上会。

三是议题是否成熟。有的议题涉及多个部门和多位分管领导，各方意见分歧较大，即使上会也难以形成一致意见，则暂时不宜上会。

四是议题的数量。要根据办公会的时长和上会议题所需研究的时间长度，确定上会议题数量，留出机动时间。

五是上会议题的顺序。坚持先急后缓、先重后轻、先易后难的原则，合理安排每个议题的时间，以确保充分研究，科学决策。

三、协调时间

协调时间是召开办公会的重要一步。单位领导班子成员工作繁忙，确保每次全体都能参加办公会难度很大。协调好班子成员的参会时间，要做好以下几点：

一是要让各位领导充分认识到办公会的重要性。

二是办公室要提前统筹安排好领导工作日程。

三是办会人员要及时动态掌握领导班子成员工作日程变化，以便应对突发情况。

四是一旦确定议程，要提前通知相关部门和人员调整工作安排，确保能够参会。

遇到单位主要负责人因故不能出席和主持办公会时，要按照主要负责人的意见，以及办公会议程规则，明确会议的主持人。如遇多位领导班子成员不能出席时，应及时报告单位主要负责人，是否需要调整办公会时间，或采取电话会议或网络视频会议的方式召开。

四、注意事项

参加办公会的都是单位领导班子成员，时间有限，议题众多，要特别注意提高会议召开的效率。

会前：

- 会议地点尽量安排在单位内部会议室，布置简洁；
- 严格控制列席会议的人数，且只允许参加相关议题的讨论。

如果议题时间未到，相关人员在会议室外轮候。

- 尽早告知与会领导议题，会前送达会议材料，以便准备意见；
- 会前一天再次向与会领导和人员确认参会时间、地点。

会中：

- 会议议程应于会前按参会人数打印并置于座位上；
- 主持人要提醒与会领导发言应紧扣主题，避免过多闲谈；
- 主持人要根据与会领导的意见，酌情增加临时议题。

会后：

- 会议记录要全面准确，不清楚的要向本人确认，可双人记录；
- 根据会议记录，当日形成会议纪要，并请参会领导签字确认；
- 会上形成的重要决定和决议，会后安排专人督办落实。

现场会

现场会是在特定现场召开的具有警示或示范意识的会议。一般在有典型经验和典型教训的单位，重大工程、重大事故和重大历史事件的现场召开。召开现场会的目的主要有：推广典型经验、总结典型教训、处理突发事故、解决技术难题、慰问一线职工、鼓舞工作斗志等。现场会是以点带面，推动全局工作的重要方法。

现场会具有直观、高效的特点。开好现场会的关键在于把握好“现场”，围绕现场组织会议。现场会成本较高，所以在组织现场会之前，要充分评估召开现场会的必要性，会议主要目标和任务是否确实需要通过现场会的形式来实现。

现场会组织流程如图6-2所示。其中需要说明的是选择现场、确定日程、接待服务三个环节。

图6-2　现场会组织流程

一、选择现场

选好现场是开好现场会的第一步，核心是要围绕实现会议主要目标和任务选择现场。如推广典型经验的会议现场，经验要有典型性和可推广性，现场观摩和演示要对经验的推广发挥直接的重要作用；总结典型教训的会议现场，问题要有典型性和普遍性，现场考察和分析能使与会者深受教育和反思；处理突发事故的会议现场，事故要有一定的严重性、典型性和现场处理的可行性，现场不会危害人身安全。

二、确定日程

召开现场会，并不意味着仅在特定的现场进行观摩和考察等，常常还需要同期召开座谈会，以便深入地分析和总结，提出处理方案。日程安排主要有两种：一是先现场开会，再进会议室座谈，先获取感性认识，后形成理性认识，符合人类的思维习惯；二是先座谈，再现场开会，先获取对经验和问题的理性认识，在现场观摩和考察中，能更深入地思考经验和问题的成因，形成科学的处理方案，指导工作实践。两种模式，各有所长，可以相机而用。

三、接待服务

现场会形式生动，对接待服务提出了更高的要求。除了会场布置、交通食宿等常规接待任务以外，考察路线、现场讲解、安全保卫都是需要特别注意的环节。

考察路线设计要符合现场会需要，突出重点，环环相扣，不安排无关的和没有典型意义的考察内容和活动，合理安排考察时间，包括每个现场的时间和途中停留时间，留出一定的富余。

链接：流动车辆上的现场会[1]

2015年4月10日早晨天刚蒙蒙亮，几辆车从云南农村干部学院出发，向楚雄彝族自治州永仁县莲池乡行进。“大家好，我们的会议从现在开始。”车辆启动不久，主持人的声音通过车载电台在每辆车内响起，全省扶贫开发与基层党建整乡“双推进”现场推进会以这一新颖的形式拉开了序幕。

边行进、边开会，随机点名参会人员发言。一位干部发微信说：“把车厢变成会场，把瞌睡变成交流，把聊天变成观看专题片，一路走一路收获不断。”一路上，参会人员下车看点参观，上车交流体会，全程井然有序、充分利用时间。车载电台和新媒体把会内会外紧密相连。

从早晨7时到下午6时，从昆明出发又返回昆明，行程近500公里，先后观摩5个点，聆听来自各部门、各州市县乡30多名干部交流发言。“这是移动会场，也是移动课堂，俭朴、务实、高效、开放，让我感触良多，收获满满。”一名基层干部道出了大家共同的心声。

现场讲解要精心准备，抓住重点，言简意赅，语言生动。讲解人员要熟悉情况，最好由接待单位的领导或业务骨干担任。

安全保卫的关键在于维护现场秩序和保卫参会人员的人身安全。现场会多在室外的开放环境中举行，无关人员容易混入其中，特别是在突发事故处理现场，事故本身的安全隐患可能尚未完全排除，保卫人身安全更显重要。

四、注意事项

现场会成本较高，组织工作任务较重，每一次现场会的召开，都要精心设计，周密组织，做好会后工作的落实。

---

① http://www.xinhuanet. com/politics/2015-04/14/c_127687300.htm.

会前：

- 现场会内容丰富，活动多样，要合理预算经费，确保经费充足；
- 及时掌握天气情况，如遇极端天气，做好应急预案；
- 会前考察现场进行踩点，形成书面方案，包括考察线路、车辆、陪同、讲解、起始时间点、联络方式、媒体宣传等；
- 合理安排参会人员，包括上级主管部门、相关单位、专家学者、新闻媒体和本单位人员等。

会中：

- 提供考察现场书面介绍材料，现场布置必要的图文展板；
- 主持人积极引导现场会进程，灵活应变处理突发情况；
- 事故现场要排查安全隐患，划定危险区域，制定应急预案。

会后：

- 现场会召开之后尽快形成会议总结，加快工作落实；
- 形成的经验教训和事故处理方案要科学可行；
- 新闻宣传要跟上，引导公众认知，推动工作落实。

座谈会

座谈会是就特定的某一项工作、一个问题、一个事件、一个人物、一个时点，邀请相关人员进行咨询、研讨、交流的会议。座谈会要求主题明确，人员范围及规模适合，建议参会人员7—15人，一般不超过20人；座谈发言可采用自由发言，特邀发言加自由发言，或顺序发言加自由发言的模式。

座谈会组织流程如图6-3所示。其中需要说明的是确定类型、确定议程、会场布置和主持座谈四个环节。

会前	确定类型	确定议程	落实人员
会中	会场布置	主持座谈	会议记录
会后	会议纪要	指导工作	

图6-3　座谈会组织流程

一、确定类型

座谈会适用广泛，类型众多，合理地选择和确定座谈会的类型，对会议的筹备和召开至关重要。

常见的座谈会类型主要有五种，一是调研类，主要是调研工作情况、典型经验、突出问题，以及交流经验；二是咨询类，主要是就某项工作、某个问题咨询专家意见，进行专家论证；三是事件类，主要是纪念或庆祝某个事件；四是人物类，主要是纪念知名人士，学习先进事迹；五是联谊类，主要是特定人群在特定时间点举行的联谊和庆祝会。

有的座谈会同时兼有几种座谈类型的特点，例如，2014年10月15日，习近平总书记主持召开的北京文艺座谈会，既纪念延安文艺座谈会召开70周年，又研讨如何繁荣发展中国特色社会主义文艺这一带有根本性、全局性的重大问题。

二、确定议程

座谈会的议程一般分为三个部分，分别是主持人介绍座谈的背景与主题、与会领导发言与致辞、与会代表研讨与交流。情况介绍与领导致辞应尽量简明扼要，控制时间，主要时间留给与会代表。在座谈开始阶段，与会领导一般仅做致辞，不发表具体意见，让与会代表先发言交流。以免领导的意见束缚了代表的发言，会议结束前与会领导再做总结发言。

三、会场布置

座谈会会场布置应注意营造轻松、愉快的氛围，一般采用研讨式布局，常使用长方形桌或圆形桌，座次顺序不用过于严格，安排好主要领导或嘉宾的位置即可。会场可适当准备茶水和轻松的背景音乐，联谊会还可简单准备水果和茶点，以烘托轻松的会议气氛。话筒应准备充足，以保证每个与会人员都能方便发言。

四、主持座谈

主持人对座谈会进程的控制，特别是对与会代表发言和交流过程的引导至关重要。建议不事先安排发言顺序，采用自由发言。主持人要确保每个代表都有平等的发言机会，不排斥发言中插话提问，不评论发言观点和内容。如遇冷场，主持人可视情况点名发言，或给予必要的启示与引导，不强制与会人员发言。如遇发言交流过于激烈，或偏离主题，主持人应礼貌制止，保护发言者不受人身攻击，回归正题，确保会议效率。

五、注意事项

座谈会要注意确保参会人员提前了解会议安排，重点围绕参会议题做好会议筹备和组织工作。

会前：

- 书面或口头告知参会人员座谈的主题和提纲；

- 会前一天同参会人员再次确认能否到会，以免缺席过多；
- 参会人员不宜过多，确保每个人都有足够的发言时间；
- 座次不宜过于主次分明，以免影响参会人员发言开放性。

会中：

- 领导发言时间不宜过长，建议安排在会议的最后阶段；
- 对窃窃私语、心不在焉、频繁进出的人员要礼貌提醒；
- 对发言时间过长、偏离主题、言辞激进的人员要礼貌制止；
- 会议记录要全面客观，原汁原味，注明发言人姓名。

会后：

- 要及时、客观、全面地整理会议记录，不轻易删减发言内容；
- 要对与会代表的参会和发言表示感谢；
- 要对专家的发言和意见与本人进行核实，以便准确指导工作。

新闻发布会

新闻发布会指政府机关、企事业单位向社会各界特别是新闻机构的记者宣布或介绍有关信息并回答相关人员提问的一种特殊形式的会议[①]。新闻发布会主要目的在于公开信息、宣传政策、发表声明、引导舆论、化解危机、推介产品与服务等。发布会与其他新闻传递途径相比，有信息集中、传播迅速、广泛告知、双向交流等方面的特点。

---

① 段淳林：《公共关系学》，华南理工大学出版社2001年版，第266页。

召开新闻发布会应当进行必要性论证，考虑要点有：待发布信息的新闻价值是否值得召开发布会，是否可用其他形式发布信息以替代发布会，是否有足够的发布会举办经验及合适的发言人选，以及是否有充足的经费预算等。

链接：全国“两会”新闻发布会回顾

2019年十三届全国人大二次会议期间，共举行13场记者会，先后邀请全国人大专门委员会及常委会工作机构负责人就人大立法工作、监督工作等问题，请国务院有关部委主要负责人就经济社会发展中人民群众关心的热点问题，分别回答中外记者的提问。3月15日上午大会闭幕后，国务院总理李克强在人民大会堂三楼金色大厅与中外记者见面并回答问题。

2023年全国两会新闻发布会和记者会日程安排①

日　期	会议安排
2023年2月28日	国新办举行2022年国务院部门办理全国人大代表建议和全国政协委员提案工作情况国务院政策例行吹风会
2023年3月3日	全国政协十四届一次会议新闻发布会
2023年3月4日	十四届全国人大一次会议新闻发布会
2023年3月5日	民主党派中央和全国工商联领导人记者会
2023年3月7日	十四届全国人大一次会议记者会外交部长答中外记者问
2023年3月13日	国务院总理李强回答中外记者提问

新闻发布会有例行发布和非例行发布之分，广义的新闻发布会除了一般意义上的新闻发布会之外，还包括记者招待会和信息发布会等，它们之间的主要区别见下表。

---

① 来源：国务院新闻办官网http://www.scio.gov.cn/gxzt/dtzt/49518/49603/49607/。

新闻发布会、记者招待会、信息发布会的区别

	新闻发布会	记者招待会	信息发布会
主要人员	媒体记者、相关部门领导、专家、公众	媒体记者	媒体记者、相关部门领导、客户、公众
主要目的	发布新闻	提问和答疑	发布信息
办会主体	党政机关、企事业单位	党政机关、企事业单位	企事业单位
审批程序	须经政府新闻主管部门审批	须经政府新闻主管部门审批	一般无须政府部门审批

此外，还有一些与新闻发布会容易混淆的会议形式，如记者见面会、媒体恳谈会、媒体通气会等，也要做必要的了解，与新闻发布会区别开来。

新闻发布会组织流程如图6-4所示。其中需要说明的是邀请媒体与公众、选定主持人与发言人、回答提问三个环节。

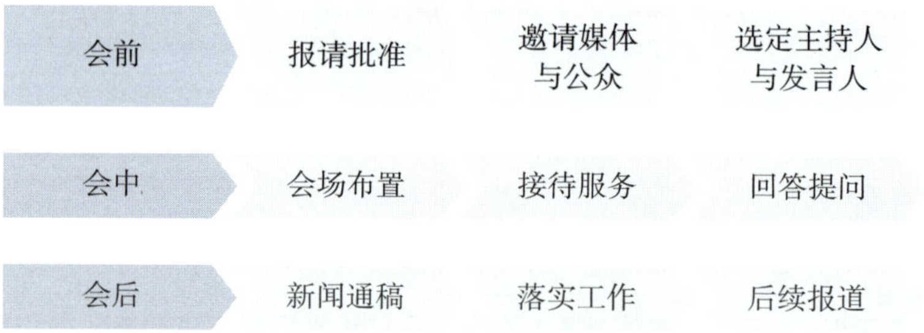

图6-4　新闻发布会组织流程

一、邀请媒体与公众

合理邀请媒体与公众参与，是新闻发布会取得成功的重要基础。随着全媒体和新媒体时代的到来，在重点邀请官办媒体和权威媒体的同时，还要注意做到三个结合，即专业媒体与社会媒体、纸质媒体与网络媒体、国内媒体与国际媒体的结合。邀请的公众应包括机构和个人，要注意其相关性、专业性、代表性和影响力。对报名参会的媒体和公众，要求其提交书面申请表，做必要的资格审查。对因故未能允许参加发布会的媒体和公众要婉言说明情况，并表示诚挚歉意。

二、选定主持人与发言人

新闻发布会的主持人与发言人可以由一人兼任，也可以由多人分任；发言人既可以是一人，也可以是多人。

主持人关键在于能有效地控制发布会的进程和秩序，一般应选择会议控制力强、发布会主持经验丰富、善于处理突发情况的人担任，还应与发言人的职务级别相匹配，一般比发言人职务略低。

链接：《国务院办公厅关于进一步加强政府信息公开回应社会关切提升政府公信力的意见》（摘录）①

国务院新闻办公室要围绕国务院常务会议等重要会议内容、国务院重点工作、公众关注热点问题，及时组织新闻发布会，把国务院新闻办公室新闻发布厅建设成中央政府重要信息发布的主要场所。

与宏观经济和民生关系密切以及社会关注事项较多的相关职能部门，主要负责同志原则上每年应出席一次国务院新闻办公室新闻发布会，新闻发言人或相关负责人至少每季度出席一次。

与宏观经济和民生关系密切以及社会关注事项较多的相关职能部门，要进一步增加发布的频次，原则上每季度至少举办一次新闻发布会。

发言人关键在于能准确发布信息和机智应对媒体和公众提问，一般应选

① http://www.gov.cn/xxgk/pub/govpublic/mrlm/20131018-66498.html.

择职务职位较高、熟悉政策和业务、口头和语言表达能力强、原则性和灵活性相得益彰、新闻发言经验丰富、心态和外形良好、善于调节会场气氛的人担任。

链接：中央宣传部副部长、国务院新闻办公室主任孙业礼在第三届中国新闻发言人论坛开幕式上的致辞（摘录）[①]

作为党的新闻舆论工作的重要组成部分，新闻发布在对内凝心聚力、对外展示形象方面具有特殊重要作用。习近平总书记高度重视新闻舆论工作，作出一系列重要论述，并对做好新闻发布工作作出许多指示和要求，为我们开展工作提供了根本遵循和行动指南。党的十八大以来，我们深入贯彻落实党中央决策部署，守正创新，协同发力，推动新闻发布事业高质量发展，制度机制更加完善，发布队伍更加壮大，新闻发布多层次高频率开展，权威信息在国内国际舆论场“天天见”，为党和国家事业发展营造了良好舆论氛围。

三、回答提问

回答媒体和公众提问是新闻发布的重要环节。会前应全面收集媒体和公众关心的主要问题，做好应答准备。会前可召开媒体见面会或通气会，更加准确地了解媒体和公众关心的问题。

回答问题时，首先要对提问者表示感谢，对合理的问题做出正面和明确的回答；对无理的问题要机智回应，可转移话题，可顾左右而言他，但不能用“无可奉告”之类的言辞生硬回绝，或只字不答；对没有掌握情况的问题，不可贸然作答，可表明待与有关方面了解情况后另行答复，并致以歉意。重要的新闻发布会可设置多名发言人，既可有所分工，又可互为补充。回答问

① 来源：国务院新闻办官网 http://www.scio.gov.cn/gxzt/dtzt/49518/49954/49956/202307/t20230701_719133.html。

题时，要注意观点明确、条理清晰、口径统一、情绪平和，多用数据和案例佐证，适当地运用幽默语言调节会场气氛。

新闻发布会前期准备事项一览表

操作流程	操作要领
1.跟踪信源	一是列席重要会议，见证重大决策的早期讨论和产生过程；二是每日追踪媒体报道了解舆论热点和焦点问题；三是到事发现场调查获取信息；四是与其他人和部门协商问题和回答口径。
2.分析舆情	对收集到的信息加以分析，为信息发布、答记者问、猜测记者的问题和准备回答口径提供参考。
3.确定时机	除定点、定时召开发布会外，也可随机召开，以掌握舆论主动权为原则，可在重要会议、重大决策或重要事件发生之际发布；突发事件利用首因效应在第一时间发布。
4.确定人选	有新闻发言人的单位由发言人独立主持发布会。重要信息的发布一般邀请有关部门的负责人出席，尽量邀请级别高、形象好、善于沟通的负责人出席。
5.准确押题	事先猜测记者的提问。新闻是贬值最快的商品，时效性很强，一般来说，记者的兴趣和注意力主要放在临近新闻发布会的一两天内发生的事情上。
6.准备口径	敏感问题的口径需要请示上级领导；跨部门问题的答问口径一般需要与有关部门协商确定。
7.准备文稿	发布会之前准备的文稿包括新闻通稿、背景材料、发言提纲、开场白等。需要散发给记者的主要是新闻通稿和背景材料，背景材料应该包括更多的细节。
8.邀请记者	一是制作请柬，注明发布会主题、举办的时间和地点、简易地图、发言者身份。二是提前一周送达请柬，联系较多的媒体记者可以直接电话邀请。三是周二至周四召开发布会合适。四是发布会一般在上午10时开始，持续时间一般为1—2小时，方便在当天晚报或者晚间电视新闻中报道。五是发布会召开前夕通过电话再次确认有关信息。
9.模拟彩排	如果发布会十分重要，或者发言人觉得没有经验和把握，或者出席发布会的领导专家缺乏与媒体沟通的经验，可以事先进行模拟彩排，掌握有关情况。

新闻发布会现场操作要点

操作流程	操作要领
1.设计形象	形象包括仪容、仪表和仪态三方面。仪容指身材外貌，仪表指穿着打扮，仪态指言谈举止。三者都要符合发布人的职业要求并与发布会的主题和气氛和谐一致。一般着正装。
2.自我介绍	主持人或发布人介绍发布会的主题、背景。多人集体发布，主持人要介绍其他发布人的身份，台上的发布人被介绍时面对记者颔首示意即可，没有必要站起来鞠躬。
3.开场发布	开场白应该尽快结束，把时间留给记者提问。开场白文稿事先准备好，现场为每位记者提供，作为新闻素材。
4.点请记者	在主要负责人做完开场发布后，主持人应该马上宣布下面请记者提问。如果很多记者举手示意，主持人要明确点请记者提问，并注意公平分配提问机会。
5.记者提问	记者提问需要举手，获得主持人点请后站起来提问，提问前应该先通报自己的来路，声明是哪家媒体的记者，同时声明要向台上哪位负责人提问。
6.答记者问	应该言简意赅，不兜圈子，也不穿靴戴帽或者说官话。要根据记者的来路和提问方式识别记者提问中是否有圈套。
7.守住底线	发言人为上级和记者两方面服务。不能发表未经过上级同意的言论，不能用“无可奉告”来封记者的口，不能回答自己未掌握准确信息的问题，不能超越自己的权限回答自己职责范围以外的问题。
8.设置议程	媒体设置的议程会影响受众对某一问题的看法和重视程度。发言人也可以在发布会上设置议程，影响记者对某一问题的看法和重视程度。官员在接受采访时，也可以引导记者将报道的重点放在自己预设的话题上，掌握主动权。
9.控制现场	控制场面和时间，稳妥地开始和结束发布会。控制每一个记者提问的数量；控制发布会的总时间。在发布会即将结束前，提醒记者还可以问最后一个或者两个问题。

四、注意事项

新闻发布会关键在于及时、准确地发布信息、表明态度、回应质疑，须选择合适的发言人，控制会议进程和秩序。当然，做好会后跟踪报道等工作也很重要。

会前：

- 对媒体和公众关心的相关热点问题，要做好必要的收集和准备，可在会前先召开媒体通气会；
- 发言人事先准备好书面发言提纲、主要问题的回答要点；
- 提前准备好新闻通稿和背景资料，以便提供给参会媒体；
- 党政机关发布会要庄重一些，企事业单位发布会可轻松一些。

会中：

- 会场电源、插线板要充足，灯光明亮，以便媒体摄像拍照；
- 会议签到时，对媒体和公众要一视同仁，不可厚此薄彼；
- 可先请关系密切或事先有沟通的媒体提问，特别是首问；
- 发言人回答提问时，可先重复问题，争取思考作答的时间。

会后：

- 对发布会中未能正面回应的问题，要认真研究，尽快通过合适的渠道给予必要的回应；
- 会后跟踪报道媒体和公众关注的事件进展。

危机处理发言人的任务、应有的知识和技能表[①]

任务	知识	技能
在镜头前表现自然	理解准确传递信息的重要性	信息传递技能强
有效回答问题	理解长时间停顿的危险性 理解有效倾听的步骤 理解“无可奉告”的危险性 理解和记者争论的危险性	快速思考 有效倾听 替代“无可奉告” 在压力下保持冷静
清晰表述信息	理解与专业术语有关的问题 理解回应的必要性	能避免使用专业术语 组织回应
能处理复杂问题	理解复杂问题的特性	能确认复杂问题 能要求对方重复问题 有技巧地处理复杂问题 质疑不准确信息 解释有些问题不能回答 评价复合性问题回答的正确性 应对复合性问题

动员会

动员会是发动和鼓励人们参与重要的专项工作或活动的会议。动员会主要是传达精神，鼓舞士气，部署工作，明确要求。其有三个显著特点，一是重要性。只有组织重大活动或开展重要工作前才会召开动员会。二是全员性。会议一般要求本单位全体在职人员参加，有些情况下离退休人员、待岗人员和临时聘用人员也要参加。三是时效性。动员会在专项工作或活动启动之前召开，有严格的时间节点，不可拖延。

① 薛澜、张强、钟开斌：《危机管理》，清华大学出版社2003年版，第126页。

动员会组织主要流程如图6-5所示。其中需要说明的是会前动员、领导出席、动员讲话、后续宣传四个环节。

会前	明确主题	确定议程	会前动员
会中	会场布置	领导出席	动员讲话
会后	落实工作	后续宣传	

图6-5　动员会组织主要流程

一、会前动员

会前动员主要是让参会者提前掌握动员会的目的和意义，了解相关工作或活动的实施方案和要求，对动员会的重要性和必要性有初步的认同，提升参与动员会的积极性和会议效果。会前动员可通过逐级传达的方式，确保传达到全体人员，还可结合展板、内部OA办公系统等多种方式加强会前动员效果。

二、领导出席

领导出席是动员会取得预期效果的重要一环，工作重要不重要，关键看领导重视不重视。领导出席动员会并做讲话，最能体现领导对动员会以及工作本身的高度重视。除了本单位领导班子成员应全体出席之外，还应邀请上级主管部门和业务相关单位领导出席。本单位领导做动员，上级部门领导做指示，相关单位领导谈经验。

三、动员讲话

动员会上最核心的环节就是动员讲话，讲话要介绍工作或活动的方案，包括：背景、意义、目标、任务、指导思想、主要内容、实施步骤、工作机制、保障措施、组织领导等；要传达上级主管部门的精神和部署，介绍兄弟单位开展此类工作的经验和启示，并对全体人员如何参加提出明确的要求和希望。动员讲话要立意深远、主题鲜明、语言生动，要能鼓舞士气、增强斗志，真正达到动员的效果。

四、后续宣传

动员会是为了发动大家，参与工作或活动的开展。可以说工作和活动不结束，动员也不能停止。这也就是说，在动员会之后，还要反复开展各种形式的动员活动，不断强化动员会效果的意义所在。动员会之后，在专项工作和活动的开展过程中，可以通过展板宣传、征文活动、先进表彰、新闻报道，或再次召开动员会等形式开展持续的动员。

五、注意事项

会前：

- 动员会站位要高，立意要远，工作要实，要求要严；
- 选好会议时间，以便全体人员参会，且不影响工作；
- 精心设计议程，特别是各方领导讲话的顺序。

会中：

- 会场布置时，要根据不同的动员类型，注意烘托气氛；
- 注意协调各方领导讲话内容，不要发生重叠和冲突；
- 参会领导较多时，特别注意做好各方领导的接待服务。

会后：

- 做好动员会与后续工作的衔接；
- 会后要持续开展形式多样的动员活动，持续推动工作。

董事会

董事会属于企业内设的决策和执行机构，主要是为了实现对企业经营活动的指挥与管理，其组成与运行主要依据《中华人民共和国公司法》(以下简称《公司法》)，以及企业制定的章程和董事会议事规则。很多机关单位与企业有相关工作联系，因此也应对董事会有基本了解。与其他会议类型不同，董事会最大的特点在于法定性，即依法召集，依法议事，依法决议。《公司法》对召开董事会的提议、召集、主持、出席、议事规则、决议方式等都做出了明确规定。

董事会组织流程如图6-6所示。其中需要说明的是提议召开、召集与主持、议事规则、出席与委托、做出决议五个环节。

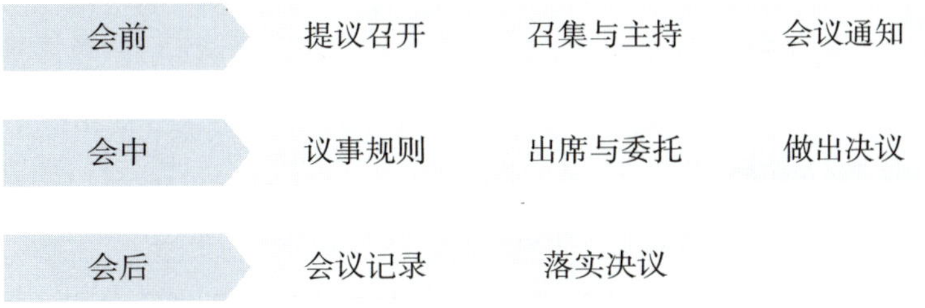

图6-6　董事会组织流程

一、提议召开

《公司法》规定，董事会每年度至少召开两次会议，每次会议应当于会议召开十日前通知全体董事和监事。代表十分之一以上表决权的股东、三分之一以上董事或者监事会，可以提议召开董事会临时会议。董事长应当自接到提议后十日内，召集和主持董事会会议。

二、召集与主持

《公司法》规定，董事长召集和主持董事会会议，董事长不能履行职务或者不履行职务的，由副董事长履行职务；副董事长不能履行职务或者不履行职务的，由半数以上董事共同推举一名董事履行职务。

三、议事规则

议事规则是指董事会开会期间必须遵守的各类程序性规定，以确保董事会落实股东大会决议，提高工作效率，保证科学决策。企业章程中对董事会议事规则做出了明确规定。议事规则一般包括董事的任职资格、行为规范、董事长的权利和义务、董事会的工作程序、工作费用以及其他事项。

四、出席与委托

《公司法》规定，董事会会议应有过半数的董事出席方可举行，董事会会议，应由董事本人出席；董事因故不能出席，可以书面委托其他董事代为出席，委托书中应载明授权范围。不出席也不委托他人参加会议的董事，视为放弃投票权。

五、做出决议

《公司法》规定，董事会做出决议，必须经全体董事的过半数通过。董事会决议的表决，实行一人一票，董事会应当把会议所议事项的决定做成会议记录，出席会议的董事应当在会议记录上签名。董事应当对董事会的决议承担责任，但经证明在表决时曾表明异议并记载于会议记录的，该董事可以免除责任。

网络视频会

网络视频会是借助多媒体计算机和互联网技术，实现文字、图片、语音和视频信息的远程、多点和交互传递的会议。网络视频会是电子会议技术发展的新阶段，电话会、广播会、电视电话会都是电子会议技术发展的不同形式。

与电视电话会的主要区别

	网络视频会	电视电话会
会议规模	规模不受场地和带宽限制	规模受场地和带宽限制
设备条件	多媒体计算机 宽带网络 网络视频会议软件 会议系统建设成本低廉	数字信号处理系统（含嵌入式音视频处理软件） 通信专网 会议管理软件 会议系统建设成本高
会议环境	音视频稳定性、保密性较弱	音视频稳定性、保密性较强
适用范围	适合一般的会议	适合高层次的、重要的会议

网络视频会具有鲜明特点，一是信息传递扁平化，打破了传统的逐级开会、逐级传达的局限。二是信息载体多样化，文字、图片、语音和视频各种载体都使用。三是信息内容的完整性，因为传递层级的减少和载体的多样性，能有效避免信息传递中的内容丢失。四是时空的跨越性，打破了时间和空间的界限。基于这些特点，网络视频会议能有效地降低会议差旅、食宿、场地、交通、印制、人工和时间成本，大幅提升会议的效率。

网络视频会组织流程如图6-7所示。其中需要说明的是调试设备、应急预案、注册登录、技术保障、信息存储五个环节。

会前	确定议程	调试设备	应急预案
会中	注册登录	召开会议	技术保障
会后	会议记录	信息存储	落实工作

图6-7　网络视频会组织流程

一、调试设备

主要是调试多媒体计算机、视频会议系统和宽带网络，包括电脑硬件配置是否符合要求，音视频输入输出是否顺畅，网络视频会议系统运行是否良好，参会人员是否能熟练和便捷地使用会议系统，网络带宽是否能够支持会议规模。

二、应急预案

由于网络视频会所需设备较多，技术专业，对电力设施、计算机、网络宽带及会议系统软件的依赖性较强，为了预防软硬件设备突发故障对会议的影响，做好相应的预案十分重要。预案中要重点预防的突发情况包括：

主会场电力中断、计算机操作系统瘫痪、网络信号中断、会议系统软件故障等。

三、注册登录

为了确保掌握参会人员情况，控制参会人员范围，网络视频会一般都设计有注册登录环节，注册登录流程和要求在发送会议通知时需一并说明，可要求参会人员会前一周注册个人基本信息，会前一天试登录会议系统熟悉操作，会前一小时登录会议系统，确认参会。

四、技术保障

在会前做好设备调试，参会人员熟悉会议系统，做好技术应急预案。会议过程中，办会部门要高度重视技术保障工作，安排专门技术人员解决参会人员遇到的技术问题，处理突发的技术故障，准备好备用的计算机及其他会议设备。

五、信息存储

网络视频会过程中，会生成大量电子的文字、图片、音视频资料，可以直接或经整理后形成电子会议记录。这些重要的数据需要及时从会议系统中向外拷贝和存储，以便存档和后续使用。

需要注意的事项：一是在清空或删除会议系统时，要确认数据已经拷贝，且拷贝的数据可用、完整；二是重要的会议数据至少要拷贝两份，以免数据存储设备损坏或丢失导致数据无法恢复；三是拷贝保密会议数据时要遵守国家和有关部门保密的规定和要求。

链接：线上会议注意事项

一、做足会前准备

线上会议的难度比线下会议要大，原因是人们离开了面对面的约束，还没有养成线上沟通的习惯，需要会前做更多的准备。准备的内容包括：基础的时间、会议平台、参会人物、议题和流程。尤其需要提前准备的是，会议主题以及会前发放的资料。线上会议和线下会议不同，线下的会议人在现场，哪怕议题不清晰，也要讲完。但是线上会议如果议题不清晰，会影响参会者体验和线上会议效率。此外，相关材料要提前发放，议题最好不要超过3个，最好是一事一议。会前内容的设计如果不够精练，那么会议必定会冗长。会前主持人要提前设定发言的顺序，避免出现“安静时刻”。会议除了安排主持人之外，还要提前安排记录员，记录会议中的要点。

二、把握会中要点

（一）与会者。会议开始后，如果条件允许，与会者最好全程打开语音和视频，这样做效果最好，因为可以最大限度弥补不能见面所带来的虚拟感。假如有人提出自己不方便语音和视频，可以适度允许关闭。但是效果都不会太理想。

（二）发言人。发言的人要假想摄像头对面有参会人员。发言人摄像头的角度要与眼睛持平，摄像头的角度如果低于眼睛，会把人照出双下巴和大鼻孔，高于眼睛又会显得人比较矮，所以最合适的是摄像头与眼睛持平。发言时要双眼注视摄像头，而不是紧盯自己的电脑屏幕，这样能够让其他的与会者有更加真实的交流感。穿着要落落大方，减少配饰，讲话过程中减少小动作，以免让其他参会者分神。

（三）组织者。主持人或者发言者每讲一段时间，要与参会者确认是否有听到。因为线上会议经常会面临网络时断时续的情况。当询问到与会者意见的时候，没有意见的伙伴要及时回复“没意见”，而不是沉默。会议中记录员要及时记录发言人的要点，并且在平台上进行公布，和发言人核对之后再整理最后的会议纪要。会议过程中出现滔滔不绝的发言者，主持人可以用提问的方式进行打断。最好会议之前规定每个人的发言时间。

三、会后落实执行

在会议结束后，能否落实执行是衡量会议是否有效的唯一标准。需要记录员在会后做好资料整理，将会议过程形成的决议以及分工执行的细节做成甘特图，明确每一个人的工作成果和时间节点。会后及时督导检查，以确保任务的完成。

四、关键要点提示

线上会议应该特别注意以下事项。

（一）不是自己发言却忘了静音。这会导致整个会议杂音很多，听不清楚彼此说话，还得花费时间管秩序。例如时常听到主持人或与会人说："请问谁的麦克风没有静音？"大家便开始检查自己的麦克风，最后发现还得说声抱歉，来来回回都是时间的耗费。

（二）家中凌乱灯光昏暗。这会让同事有不好的观感，觉得在家工作变怠慢了。有时甚至选了一个采光不好灯光不佳的地方开会，让自己显得没精神，没有对工作上心的样子。建议可套用线上会议软体"背景"，来美化环境，也记得把桌灯的角度稍微地调向自己，让脸容光焕发。但切记别让光太直射自己，过曝也会显得不专业，大家看不到你的表情甚至太死白。

（三）争抢发言。这是会议的大忌。开会有时会激烈地讨论方案，难免彼此抢话，比较大声。但这种行为在线上会议会让与会者的耳朵非常不适，也会使会议秩序大乱，进而影响大家心情，导致事情谈不拢。

线上会议中就算是两个人同时心平气和地发言，都会听不清楚彼此说话内容，更何况热烈讨论时的音量失控及语速失控。

（四）没有发言顺序控制人。这通常是主持人的责任，通过点人、排序来让大家一个接着一个发言，当有重要信息插播时，也应该有人出面调配发言顺序。不然就会各说各话，却没人听清楚任何话。也会发现平时爱发言的人，说得更多了，少了实体感，也少了被大家监督发言的约束，讲得天花乱坠占掉大半时间。同理，平时少发言的人，会更倾向安静，好的想法可能被埋没。

（五）没有会议大纲。比起实体会议，大纲在线上会议显得更重要，因为线上会议会让人失去时间感。人一旦没有在同一个会议空间，就会松懈，更何况是在自己的家中甚至房间，一切都很放松，会觉得发言时间久一点没关系、谈些与会议无关的话题没关系。建议主持人挑选平时在办公室较有主见或是较谨慎的同事，当会议脱离主轴时，主持人应适时拉回大家，以节省时间维持开会效率。

（六）音量失去控制。太大声、太小声都会影响会议进程。太大声可能会爆音、产生杂音回荡；太小声导致麦克风无法完全收音，与会者得不断提醒："麻烦大声一些"而拖延会议时间。

（七）出现技术问题。不论麦克风还是镜头，都会遇到电脑请求开启隐私权设定，这大多发生在第一次下载软件时。但可能会因为太久没有登入而再次被要求开启权限，请务必在会议开始前先测试。网路稳定度也是最基本的要求，不能会议进行到一半，没了画面或声音，又得再次跟同事询问而耗费时间。

（八）荧屏分享功能使用不当。荧屏分享通常会分为三种：单一视窗分享：可以选择想要分享哪个视窗，但不能选择两个以上。单一分页分享：可以选择一个视窗里的某一个分页，但跳到另一个分页就不会被分享到。整个桌面分享：分享所有自己荧屏上所出现的东西，跳回桌面没有任何试穿也会被分享到。许多人会选错，例如选了单一分页，但有其他分页需操作，却换来换去。而最尴尬的情况则是，选到整个桌面分享，被同事们看到与会议无关的画面无法立即关闭而慌乱不已。最好的做法是先关闭所有与会议无关的视窗及分页，以免发生意外。

附录一：会议手册案例

全国机关事务工作会议须知

会务组

2024年1月

目 录

日程安排

时间	会议内容	主持人	地点
1月6日 （星期一） 8:30—11:30	全体会议 1.×××同志传达×××同志在全国政府秘书长和办公厅主任会议上的重要讲话精神； 2.×××同志通报机关事务集中统一管理和标准化、信息化建设试点情况； 3.×××同志通报全国机关运行成本调查统计工作情况； 4.×××同志讲话。	××× 同志	云天高 大酒店 B座二层 太阳厅
1月6日 （星期一） 15:00—18:00	分组讨论 围绕深入学习贯彻习近平新时代中国特色社会主义思想和中央经济工作会议精神，重点讨论： （一）推进国家治理体系和治理能力现代化下的机关事务改革发展； （二）贯彻新发展理念，推动机关事务工作高质量发展； （三）落实过紧日子要求，提升保障和管理效能。	各组 召集人	详见分组 安排
1月7日 （星期二） 8:30—11:00	全体会议 1.上海市机关事务管理局代表发言； 2.黑龙江省机关事务管理局代表发言； 3.广东省机关事务管理局代表发言； 4.甘肃省机关事务管理局代表发言； 5.自然资源部机关服务中心代表发言； 6.审计署机关服务中心代表发言； 7.×××同志做会议总结。	××× 同志	云天高 大酒店 A座三层 海浪厅

代表名单

地方机关事务管理部门参会人员

地区	姓名	单位及职务	房号
北京	×××	市机关事务管理局局长	1301
	×××	市机关事务管理局处长	1302
天津	……		
河北	……		
山西	……		
内蒙古	……		
辽宁	……		
吉林	……		
黑龙江	……		
上海	……		
江苏	……		
浙江	……		
安徽	……		

中央国家机关各部门机关事务管理机构参会人员

部门	姓名	单位及职务	房号
全国人大	×××	常委会办公厅主任	1401
全国政协	……		
高法院	……		
高检院	……		
国办	……		
外交部	……		
发展改革委	……		
教育部	……		
科技部	……		
工业和信息化部	……		
国家民委	……		
公安部	……		
安全部	……		

分组安排

第一组（ 人）							
出席领导							
召 集 人							
参加人员							
工作人员							
会议地点							

第二组（ 人）							
出席领导							
召 集 人							
参加人员							
工作人员							
会议地点							

第三组（ 人）							
出席领导							
召 集 人							

续表

第三组（人）							
参加人员							
工作人员							
会议地点							

第四组（人）							
出席领导							
召 集 人							
参加人员							
工作人员							
会议地点							

全国机关事务工作会议座次图

（1 月 6 日 8:30—11:30　酒店 B 座二层太阳厅）

主　　席　　台

1 排																		
2 排																		
3 排																		
4 排																		
5 排																		
6 排																		
7 排																		
8 排																		
9 排																		
10 排																		
11 排																		
12 排																		
13 排																		

全国机关事务工作会议座次图

（1月7日8:30—11:00　酒店A座三层海浪厅）

主　　席　　台

1排																		
2排																		
3排																		
4排																		
5排																		
6排																		
7排																		
8排																		

注意事项

一、会议要求

（一）请佩戴会议证件进入会场。

（二）请按指定位置就座。

（三）开会和讨论时，请将手机关闭或置于静音状态，不要接打电话。

（四）请结合本单位实际，认真准备发言提纲，积极参与讨论。

（五）会议结束后，请将房卡留在房间。

二、就餐时间和地点

时间：早餐 7:30　午餐 12:00　晚餐 18:00

地点：东餐厅

三、返程安排

7日上午会议结束后，集体乘车返回。

（一）路线一：1号、2号车

（二）路线二：3号车

（三）路线三：4号车

四、会务组

值班室：101

医务室：103

附录二：相关参考文件

1.《党政机关厉行节约反对浪费条例》

2.《中央和国家机关会议费管理办法》

3.《党政机关会议定点管理办法》

4.《中央和国家机关差旅费管理办法》

5.《关于调整中央和国家机关差旅住宿费标准等有关问题的通知》

6.《中央和国家机关工作人员赴地方差旅住宿费标准明细表》

7.《关于规范差旅伙食费和市内交通费收交管理有关事项的通知》

8.《中央预算单位公务卡管理暂行办法》

9.《关于实施中央预算单位公务卡强制结算目录的通知》

10.《单位公务卡管理办法（试行）》

11.《国务院办公厅关于进一步加强政府信息公开回应社会关切提升政府公信力的意见》

附录三：大型会议会务工作流程清单

	A	B	C	D	E	F	G	H
1	会议名称							
2	环节	工作模块	工作任务	具体内容	责任人	时间节点	联系电话	是否完成
3	会议确认	会议事由确定	会议名称					
4			会议时间					
5			会议地点					
6			会议室预订	根据会议形式及人数预订会议室				
7			与会人员	确定与会人员类别及邮件发送地址				
8			会议议程	明确列明会议各项议题及时间、形式、主讲人等				
9			确定酒店	根据与会人员的类别确定房间预订的类型，提前致电酒店人员做好准备				

续表

	A	B	C	D	E	F	G	H
10	会议前期准备	准备会议	明确人员分工	将具体人员分工填入此表				
11		资料	准备与收集	会议指引（外部）、回执、会议使用文档初稿（Word/Excel/PPT）				
12		会议通知	撰写通知	附：资料（参见上一行）				
13		回执收集资料	确定参会人员信息	确定与会人数、姓名、性别、职务、联络方式				
14			整理通讯录	（内容同上）				
15		资料	准备与收集	电子版资料，包括会议使用文档正式版、会务指引（内部）、通讯录、签到表				
16			储存	确定会议使用电脑，将所有需要展示的资料储备到确定的文件夹，并告知相关人员				
17			印刷	联系印刷厂，确定价格、印刷完成及送货时间				
18			打印	列出打印清单及打印份数				
19			装订	将文件整理装入资料袋				
20			发放	发送邮件				

续表

	A	B	C	D	E	F	G	H
21	会议前期准备	住宿	酒店预订	联系酒店，确定房间类型及个数，询问酒店是否包括早餐				
22		接机	接机	确定接机人员名单、联络方式及航班到达时间				
23				预订车辆				
24		餐饮	就餐形式、地点确定	公司食堂：填写客餐申请单并交食堂人员				
25								
26				外面餐馆：餐馆预订、提前到现场踩点、点菜、车辆预订、酒水准备				
				茶点：填写客餐申请单并交食堂人员，通知物业人员安排茶点摆放处				
27		文具	文具准备及领取	准备好笔、本、荧光笔、草稿纸、白板笔、白板纸、激光笔、录音笔、代表证				
28		会场	会计室预订	投影、白板、横幅、背景墙、欢迎牌、指引牌、座位牌、茶水				

续表

	A	B	C	D	E	F	G	H
29	会议前期准备	会场	会场布置	桌椅摆放；文具摆放；横幅悬挂；欢迎牌、指引牌、座位牌是否到位				
30		摄影	摄影联系	与总办专业人员联系摄影事宜				
31			自备数码相机	会议现场抓拍用				
32		回程安排	回程机票预订	登记回程人员姓名、航班；联系前台确认出票				
33		会后活动安排	活动地点及人数	联系活动场所，车辆预订				
34		人员报到	人员报到	直接前往酒店报到				
35			资料发放	包括会议材料、代表证等				
36	会议当天工作	设备	设备就绪	检查会议使用电脑、投影设备、音响设备、网线等是否就绪				
37		会场	检查会场情况	桌椅摆放；文具及资料摆放；横幅悬挂；欢迎牌、指引牌、座位牌、茶水、礼品是否到位				

续表

	A	B	C	D	E	F	G	H
38	会议当天工作	签到	签到表	在会场入口处准备好签到表与笔，供出席人员签到				
39			资料分发	准备好材料，人员签到后发放				
40		电脑与网络	笔记本电脑使用协助	查看会场中携带笔记本人数，是否需要充电器、网线等，通知物业管理处接待人员协助				
41		茶水	茶水供给到位	接待人员负责现场倒茶或饮水机到位				
42		摄影	摄影把关	与总办专业摄影人员沟通场景拍摄，照片效果把关				
43			现场抓拍	用自备数码相机抓拍会场情况				
44		会议记录	会议记录	录音笔录音，人员现场记录				
45		麦克风	麦克风传递	若台下代表需发言，明确麦克风传递负责人				
46		午餐	就餐确认	致电食堂，确认就餐人数，保障午餐供应				
47			就餐地点指引	指引与会人员到指定地点就餐				

续表

	A	B	C	D	E	F	G	H
48	会议当天工作	茶点	准时送达	联系食堂，确保茶点准时送达				
49			下午茶时间	告知与会人员茶点摆放点				
50		会后会场收拾	会场清理	回收并清空会场资料，检查是否有物品遗忘				
51		晚宴	车辆	确保接送人员的车辆到位				
52			清点人数	上车、到达餐馆时分别清点人数				
53			点菜	根据现场情况点菜（也可提前点好）				
54			晚宴后	晚宴后确保所有人员都能安全到达目的地				
55	会议后期工作	宣传报道	宣传资料准备	稿件撰写及照片整理				
56			宣传报道发布	将稿件及照片发送至总裁办企业文化组，进行宣传报道				
57		会议纪要	纪要整理	会议后尽早整理会议纪要				
58			邮件发布	经领导审阅后通过邮件发布				
59		后续工作跟进	会务费用结账报销	对会务期间发生的费用进行结账报销				

续表

	A	B	C	D	E	F	G	H
60	会议后期工作		会务工作总结	组织相关会务人员进行工作总结，梳理工作流程中出色之处及不足之处				
61			工作任务跟踪管理	针对会上确定的各项工作任务进行跟踪管理				

附录四：部门例会及培训会务工作流程清单

	A	B	C	D	E	F	G	H
1	会议名称							
2	环节	工作模块	工作任务	具体内容	责任人	时间节点	联系电话	是否完成
3	会议确认	会议事由确定	会议类型	部门例会、部门培训				
4			会议时间					
5			会议室预订	根据会议形式及人数预订会议室				
6			与会人员	确定与会人员类别及邮件发送地址				
7			会议议程	明确列明会议各项议题及时间、形式、主讲人等				
8			确定酒店	根据与会人员的类别确定房间预订的类型，提前致电酒店人员做好准备				
9	会议前期准备	准备会议	明确人员分工	将具体人员分工填入此表				

续表

	A	B	C	D	E	F	G	H
10	会议前期准备	资料	准备与收集	会议指引（外部）、回执、会议使用文档初稿（Word/Excel/PPT）				
11		会议通知	撰写通知	附：资料（参见上一行）				
12		回执收集资料	确定参会人员信息	确定与会人数、姓名、性别、职务、联络方式				
13			整理通讯录	（内容同上）				
14		资料	准备与收集	电子版资料，包括会议使用文档正式版、会务指引（内部）、通讯录、签到表				
15			储存	确定会议使用电脑，将所有需要展示的资料储备到确定的文件夹，并告知相关人员				
16			印刷	联系印刷厂，确定价格、印刷完成及送货时间				
17			打印	列出打印清单及打印份数				
18			装订	将文件整理装入资料袋				
19			发放	发送邮件				
20		住宿	酒店预订	联系酒店，确定房间类型及个数，询问酒店是否包括早餐				

续表

	A	B	C	D	E	F	G	H
21	会议前期准备	接机	接机	确定接机人员名单、联络方式及航班到达时间				
22				预订车辆				
23		餐饮	就餐形式、地点确定	内部食堂：填写客餐申请单并交食堂人员				
24				外面餐馆：餐馆预订、提前到现场踩点、点菜、车辆预订、酒水准备				
25				茶点：填写客餐申请单并交食堂人员，通知物业人员安排茶点摆放处				
26		文具	文具准备及领取	准备好笔、本、荧光笔、草稿纸、白板笔、白板纸、激光笔、录音笔、代表证				
27		会场	会计室预订	投影、白板、横幅、背景墙、欢迎牌、指引牌、座位牌、茶水				
28			会场布置	桌椅摆放；文具摆放；横幅悬挂；欢迎牌、指引牌、座位牌是否到位				
29		摄影	摄影联系	与专业人员联系摄影事宜				
30			自备数码相机	会议现场抓拍用				

续表

	A	B	C	D	E	F	G	H
31	会议前期准备	回程安排	回程机票预订	回程人员姓名、航班；联系前台确认出票				
32		礼品	会议礼品预订	若有需要，提前确定赠送礼品样式及数量，联系总办协助				
33		会后活动安排	活动地点及人数	联系活动场所，车辆预订				
34		人员报到	人员报到	直接前往酒店报到				
35			资料发放	包括会议材料、代表证等				
36	会议当天工作	设备	设备就绪	检查会议使用电脑、投影设备、音响设备、网线等是否就绪				
37		会场	检查会场情况	桌椅摆放；文具及资料摆放；横幅悬挂；欢迎牌、指引牌、座位牌、茶水、礼品是否到位				
38		签到	签到表	在会场入口处准备好签到表与笔，供出席人员签到				
39			资料分发	准备好材料，人员签到后发放				
40		电脑与网络	笔记本电脑使用协助	查看会场中携带笔记本人数，是否需要充电器、网线等，通知物业管理处接待人员协助				

续表

	A	B	C	D	E	F	G	H
41	会议当天工作	茶水	茶水供给到位	接待人员负责现场倒茶或饮水机到位				
42		摄影	摄影把关	与专业摄影人员沟通场景拍摄，照片效果把关				
43			现场抓拍	用自备数码相机抓拍会场情况				
44		会议记录	会议记录	录音笔录音，人员现场记录				
45		麦克风	麦克风传递	若台下代表需发言，明确麦克风传递负责人				
46		午餐	就餐确认	确认就餐人数，保障午餐供应				
47			就餐地点指引	指引与会人员到指定地点就餐				
48		茶点	准时送达	联系食堂，确保茶点准时送达				
49			下午茶时间	告知与会人员茶点摆放点				
50		会后会场收拾	会场清理	回收并清空会场资料，检查是否有物品遗忘				

续表

	A	B	C	D	E	F	G	H
51	会议当天工作	晚宴	车辆	确保接送人员的车辆到位				
52			清点人数	上车、到达餐馆时分别清点人数				
53			点菜	根据现场情况点菜（也可提前点好）				
54			晚宴后	晚宴后确保所有人员都能安全到达目的地				
55	会议后期工作	宣传报道	宣传资料准备	稿件撰写及照片整理				
56			宣传报道发布	将稿件及照片发送至总裁办企业文化组，进行宣传报道				
57		会议纪要	纪要整理	会议后尽早整理会议纪要				
58			邮件发布	经领导审阅后通过邮件发布				
59		后续工作跟进	会务费用结账报销	对会务期间发生的费用进行结账报销				
60			会务工作总结	组织相关会务人员进行工作总结，梳理工作流程中出色之处及不足之处				
61			工作任务跟踪管理	针对会上确定的各项工作任务进行跟踪管理				